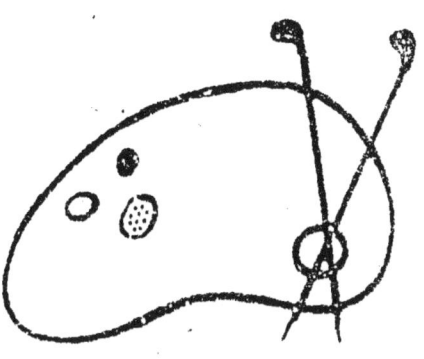

Couvertures supérieure et inférieure
en couleur

COUVERTURES SUPERIEURE ET INFERIEURE D'IMPRIMEUR.

17511

MADAME DANDIN

ET

MADEMOISELLE PHRYNÉ

Châteauroux. — Typographie et Stéréotypie A. MAJESTÉ

ARMAND SILVESTRE

(LA VIE POUR RIRE)

MADAME DANDIN

ET

MADEMOISELLE PHRYNÉ

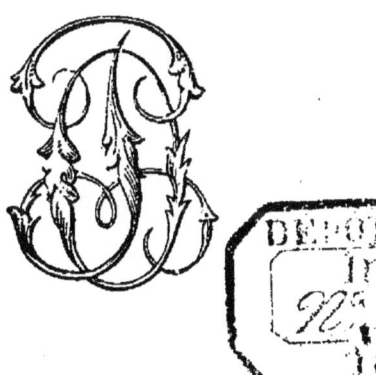

PARIS

PAUL OLLENDORFF, ÉDITEUR

28 *bis*, RUE DE RICHELIEU, 28 *bis*

1883

Tous droits réservés

AVANT-PROPOS

Femmes infidèles et maîtresses perfides sont ici portraiturées. Les contes de maris et d'amants trompés étaient ceux dont nos aïeux ont le plus ri. Ceci est pour leur faire suite et rappeler à la modestie les gens infatués de leur siècle qui s'imaginent que ce sujet de gaieté est à jamais perdu. Il est traité pour réjouir surtout « les belles et honnêtes dames » dont la conscience est sans reproche et qui n'y sauraient trouver leur ressemblance. C'est donc un livre écrit pour les personnes de bien et tout à l'honneur de la vertu.

A. S.

Janvier 1883.

MADAME DANDIN

ET

MADEMOISELLE PHRYNÉ

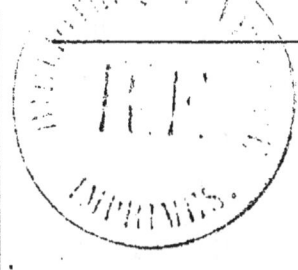

I

PLAISIRS FORAINS

On ne devient pas un des fonctionnaires importants d'une grande administration publique sans être un homme éminent. Dans ce monde-là, en effet, chacun sait que toute intrigue est superflue et que tout avancement est dû au mérite. Lors donc que je vous aurai dit que M. Pigelevent de Montpétard (Ignace pour les dames) est sous-directeur dans un de nos ministères, je n'aurai plus rien à vous apprendre sur son intelligence et sa capacité. Ce n'est pas seulement une personne exacte à son travail, qualité élémentaire qui suffit aux bons soldats, mais non pas aux capitaines de l'armée bureaucratique. C'est un esprit plein d'initiative et toujours disposé aux réformes. On lui doit la rédaction de plusieurs circulaires qui ont été remarquées en haut lieu et dont l'honneur est cependant revenu tout entier au directeur qui les a signées. Car, même dans ce microcosme idéal, où fleurit l'équité plus que partout ailleurs, le *Sic vos non vobis* du poète latin trouve encore quelquefois son application. Tant il est vrai qu'il n'est pas de chose humaine absolument parfaite. En dehors des heures réglementaires durant lesquelles il offre libéralement ses sueurs à la patrie, M. Pigelevent de Montpétard s'est créé mille occupations utiles encore à son pays. Il est de presque toutes les sociétés où l'on confectionne des annales et où l'on se donne des médailles. Il est toujours de séance le soir, tantôt ici, tantôt là, mais jamais où l'on s'amuse. Son triomphe, c'est la géographie. On n'arrivera jamais à un remaniement rationnel de la carte d'Europe sans s'adresser à lui. Il la connaît sur le bout du doigt, dans ses moindres beautés, et cette clef des Dardanelles dont on nous embête si souvent, je suis convaincu que voilà dix ans qu'il l'a dans la poche de sa culotte !

Eh bien ! cet homme distingué, savant, de goûts élevés et d'habitudes régulières, a son péché mignon : il adore les géantes !

L'amour des contrastes est là pour excuser ce goût peu délicat. Mme Pigelevent de Montpétard (Célestine pour les messieurs) est une adorable personne, mais qu'on croit toujours voir par le petit bout d'une lorgnette, tant ses charmes, absolus d'ailleurs, ont peu d'extension. C'est une façon d'oiseau-mouche, au plumage exquis ; mais, sur le fauteuil où elle s'assied, on pourrait déposer un potiron à côté d'elle sans la gêner et les trésors de son corsage tiendraient aisément dans deux coquetiers. Les purs esprits que la science matérialiste traite de conceptions sans fondement doivent alors terriblement lui ressembler. Notez d'ailleurs que, sous un fort petit volume, une femme peut cacher énormément de malice. C'est le cas et, avec le peu dont elle dispose, Mme de Montpétard a su faire un des plus magnifiques cocus de son temps. Vous croyez que je ne l'excuse pas aussi, elle ? Allons donc ! vous ne connaissez pas l'abîme de miséricorde que je cache sous ma gauche mamelle. Quand on a pour mari un monsieur qui ne pense qu'au détroit de Gibraltar, lequel, de vous à moi, n'est pas le plus heureux détroit en mariage, comme l'établit fort bien une spirituelle comédie, on n'a vraiment rien de mieux à faire que de le tromper à gogo. C'est ce que Célestine fait en conscience. Témoin ce billet d'elle, reçu, il y a deux jours, par le jeune Adhémar de Saint-Enogat :

« Que dirait petit Mamar vert à sa Titine, si celle-ci lui proposait d'aller galvauder ce soir de compagnie à la kermesse des Tuileries ? C'est grande séance à la Société des géographes en chambre. On irait faire un tour de chevaux de bois et, après... Ah ! Mamar ! Mamar ! que je t'aime ! »

Et Mamar avait répondu :

« Titine, je t'adore et nous irons sur les vélocipèdes tournants !

Tandis qu'ils échangeaient ainsi les rayonnements de leurs jeunes âmes, comme font de leur lumière les étoiles voisines dans le firmament, M. Pigelevent pensait en lui-même :

— Zut pour les Dardanelles ! J'irai voir ce soir la belle Ardennaise, la belle Circassienne, la belle Anglaise, la divine Rachel et la pesante Sarah dont j'ai vu tantôt les baraques alléchantes dans le jardin des Tuileries.

C'est ainsi qu'un hasard méchant s'amuse souvent à réunir les gens qui tiendraient le moins à se rencontrer.

— Que ces lutteurs sont beaux, Mamar ! Je veux que mon mari fasse des poids.

— Tais-toi, méchante !

Et Mamar de Saint-Enogat eut, dans l'œil, un éclair de jalousie. Mais un serrement furtif et délicieux du bras de Titine rendit la paix à son esprit.

Ils virent successivement trois ménageries, deux cirques, trois arènes, une somnambule, quatre décapités parlants et onze femmes-torpilles.

— Encore une colosse et nous passerons à d'autres joies, dit gaiement Mme de Montpétard.

Justement on se précipitait dans l'antre de toile de la belle Dauphinoise, pesant le poids énorme de cent soixante kilos, et « comparable aux plus belles statues de Raphaël », avait dit le paillasse de sa porte.

Ils firent comme tout le monde. La belle Dauphinoise achevait la phrase suivante :

« Maintenant, messieurs, je vais vous montrer mon petit mollet. Mais auparavant, comme je n'ai aucun bénéfice dans l'administration, je me permettrai de faire circuler le plat. Donne qui veut. C'est indépendant du prix de la place. »

Les gros sous ayant plu dans l'assiette ébréchée, la géante souleva sa jupe poudreuse et en exhiba une chose informe, boudinée, débordante, enfermée dans un bas à jour et surmontant une bottine à lacets rouges trop courte, et dont le cuir jaune pétait.

— « Vous voyez, disait-elle, que, pour ma taille, j'ai le pied petit. Si maintenant quelqu'un veut toucher mon mollet... »

Un homme s'élança, qui, avec une douceur passionnée tendit sa main dégantée et caressa voluptueusement cette éclanche de chair.

Mamar et Titine eurent un tressaillement. Ils

ne voyaient ce jambomane que de dos, mais ce dos ressemblait, comme deux gouttes énormes, à celui de M. Pigelevent. Ils voulurent fuir, mais un rempart humain se dressait derrière eux. Alors Titine eut une inspiration de génie. Pendant que Mamar se dissimulait dans un groupe, elle se blottit dans un coffre de bois posé dans un des coins de la baraque.

Quand elle en sortit après la représentation, il lui sembla que quelque chose lui traînait dans le dos. Vérification faite, c'était un jeune crocodile qui avait pris au sérieux les cerises artificielles de son chapeau et s'y était accroché. Car la belle Dauphinoise n'était pas seulement colosse, mais aussi dompteuse de reptiles.

Mamar rapporta l'animal avec infiniment de dégoût.

— Nous nous serons certainement trompés, dit Titine. M. de Montpétard est à sa Société. Tous les hommes se ressemblent par derrière.

— Allons-nous-en tout de même! répondit Mamar.

Mais comme ils allaient atteindre la porte de

sortie, un jeu nouveau attira leur attention. Dans un cercle plus grand que ceux des chevaux de bois, quatre gondoles aux oriflammes flottants et aux voiles déployées étaient mues par une machine à vapeur centrale et suivaient majestueusement les oscillations d'un roulis de fantaisie. Les proues montaient, puis descendaient avec une régularité rythmique. Les habitants de cette fabrique de mal de mer donnaient le change aux inquiétudes de leur digestion par des éclats de rire désordonnés.

— Faisons seulement un tour là-dedans, dit Titine. Ça a l'air si amusant! Et puis je te dis que nous nous sommes trompés!

Mamar était faible, comme tous les hommes épris. Ils grimpèrent dans une gondole. Un coup de sifflet retentit, et l'immense appareil reprit son mouvement quadruple de bascule. Ils étaient assis l'un vis-à-vis de l'autre et cédaient à je ne sais quel engourdissement délicieux, leurs jambes se pressant dans l'ombre et mêlant leur chaud frisson de chair amoureuse. Comment le regard de Titine se détourna-t-il de cette contemplation intime et profonde? Toujours est-il qu'elle pâlit et faillit s'évanouir. Dans la gondole qui venait immédiatement derrière eux, M. Pigelevent de Montpétard, de face, cette fois, les contemplait avec un ahurissement plein de fureur muette.

— Nous sommes perdus ! dit la jeune femme.

— Pas encore ! dit Adhémar de Saint-Enogat qui, lui aussi, avait son coup de génie.

Tirant de sa poche un billet de mille francs, il le jeta au mécanicien en lui disant :

— « Tourne jusqu'à demain ! »

Et il pensait en lui-même : Il a beau être dans la gondole qui nous suit, jamais il ne nous rattrapera, tant que nous serons là-dedans.

Le mécanicien était un père de famille. C'était une petite fortune qui lui tombait du ciel.

— Je tournerai ! répondit-il.

Et les gondoles roulaient, roulaient toujours, les voyageurs commençant à trouver qu'on leur en donnait beaucoup pour leur argent. Au bout d'un quart d'heure, ils s'impatientèrent sensiblement. Un monsieur qui avait mangé trop de melon exprima clairement son mécontentement par une envolée de crêpes qui n'étaient pas à la vanille. Au bout d'une demi-heure, le mal de mer fut général. Au bout d'une heure on râlait dans tous les bateaux. Le bruit monotone de la machine étouffait les plaintes des agonisants. Seul Adhémar, que l'inquiétude tenait en plein éveil, suivait les progrès de l'évanouissement chez ses compagnons. Quand il vit M. Pigelevent absolument inanimé, il fit signe au mécanicien d'arrêter, et saisissant Célestine dans ses bras il sauta le premier hors de l'instrument de supplice et disparut.

Ce ne fut que le lendemain matin qu'on rapporta M. Pigelevent de Montpétard dans son appartement, après avoir épuisé sur sa personne toutes les ressources d'une pharmacie. Le médecin, qu'on avait été chercher en hâte, avait conclu à un accès de fièvre chaude, causé par un excès de travail. Il faudrait que M. de Montpétard renonçât à la géographie, ou la science ne pouvait répondre de ses jours. Ce fut une grande émotion dans le monde entier des amateurs de Dardanelles. Au fond, le pauvre homme se rappelait bien un peu ce qu'il avait vu dans la gondole, mais comment révéler à ses futurs confrères de l'Institut qu'il gaudriolait dans les foires au lieu d'aller à sa Société? Il aima mieux, pour son honneur, d'une part, et pour sa renommée ensuite, s'imaginer qu'il avait rêvé et que tout cela était un simple cauchemar.

Célestine, trop heureuse d'en sortir à si bon compte, fait tout au monde pour lui conserver cette illusion. Ainsi rien ne fut troublé dans ce ménage si parfaitement digne d'être heureux.

II

ÉLOQUENCE JUDICIAIRE

.. « Que la majesté de Thémis me pardonne, continua maître Cascaron, du barreau de Montpellier, en secouant ses longues manches d'avocat avec une indignation bien particulière, mais il me va falloir devant elle, devant vous, messieurs, dont la pudeur est, avec notre éminent compatriote Cabanel, la plus grande gloire du pays, révéler les antécédents de la misérable qu'une autre voix ose défendre dans cette enceinte. (O mon confrère, que je vous plains!) Il va me falloir évoquer les effroyables souvenirs d'une enfance dont les moindres actions ne laissent aucun doute sur la précoce perversité de celle qui devait faire de l'infortuné marquis de Ballet-Bouilly le plus magnifique cornard de son département. Je me bornerai, par une discrétion dont votre bon goût me sera reconnaissant sans doute, à quelques détails caractéristiques.

» 1º Toute petite, ayant six ans à peine, celle qui fut plus tard la marquise faisait déjà des cornes aux jeunes garçons de son âge pour les mettre en colère. Ce n'était, il est vrai, encore qu'avec les doigts, mais vous apprécierez l'intention.

» 2° A huit ans et demi, son père, le vidame de Bricoulant, ayant parlé devant elle de l'honneur que ressent une famille à compter un académicien parmi ses membres :—Mon mari le sera ! s'écria-t-elle. Pas de commentaires, n'est-ce pas, sur ce monstrueux propos ?

» 3° A quinze ans, au mariage d'une de ses amies, tout le monde remarqua qu'elle portait à son chapeau une guirlande de coucous. On ne dit pas plus irrévérencieusement son mépris pour une institution qui est la base de notre société.

» J'abrège ces répugnants prolégomènes et j'arrive à la période brûlante, celle pendant laquelle l'infortuné marquis de Ballet-Bouilly associa sa vie à la vie d'une indigne épouse. Mais telle est mon émotion, messieurs, que je vous demande pour elle un instant de recueillement. »

— Plaît-il ? fit M. le président Puceleau, en se

réveillant brusquement. Car le silence subit a cet effet de rompre le sommeil de ceux que le bruit avait endormis.

— Reposez-vous, maître Cascaron, dit avec bienveillance à l'orateur le juge Chauminet qui cherchait, depuis le matin, le mot d'un rébus de son journal et n'était pas fâché de pouvoir réfléchir aussi.

Cascaron s'assit un instant et, regardant du coin de l'œil la cliente de son adversaire, la marquise qu'il était en train de flétrir, ne put s'empêcher de la trouver tout à fait jolie, sous les transparences ombreuses de son long voile noir. Et il ajouta mentalement : Cette femme est un ange de beauté et de vertu !

« Ce qui caractérise, continua-t-il bien haut, la situation, c'est que nous n'avons pas affaire à un de ces adultères grossiers, tels qu'on les rencontre dans la vie et dans les romans, et qui se prouvent par des faits matériels. Pas de flagrant délit ! Pas de correspondances amoureuses ! pas de fugues matrimoniales ! Rien ! rien ! rien ! Et ne trouvez-vous pas, messieurs, que l'infidélité conjugale est cent fois plus terrible encore, sous cette forme dissimulée, et plus odieuse à se cacher sous tant d'hypocrisie ! Tel le serpent glisse sous l'herbe. *Latet anguis in herba.* Au moins, Messaline avait-elle le bénéfice de sa franchise. Au moins, Marguerite de Bourgogne avait-elle les audaces de son tempérament. Mais là, je le répète : Rien ! rien ! rien ! Pas une défaillance ! Pas une preuve ! Horreur ! Pas même un indice ! Pas même un soupçon criant au mari : Prenez garde ! Abomination !

» Et vous voudriez, messieurs... Oh ! non ! vous ne voudrez pas qu'une femme que couvrent tant de crimes, qu'une femme qui a traîné dans tant de hontes la dignité du foyer domestique héritât de son mari, de sa victime et jouît impunément du fruit de ses forfaits ! Vous me direz que la loi le veut ainsi en principe. Vous ajouterez que, par son testament, cet imbécile de Ballet-Bouilly a laissé tous ses biens à cette créature. Mais c'est par de sages révoltes qu'on affirme son respect pour la loi ; c'est par de solennels démentis qu'on prouve sa fidélité aux volontés des morts. Je vous l'ai dit : cet homme ne savait pas ! Ce crédule personnage croyait à la vertu de sa femme sous le prétexte que rien ne lui prouvait son inconduite ! Ah ! si la majesté de la tombe n'était pas là pour défendre sa mémoire, comme j'aimerais à le traiter de jobard, de gobe-mouche et de crétin ! Mais je ne le ferai pas. Je me contenterai de vous dire : « Soyez plus sages que cet affolé. Faites ce qu'il aurait dû faire ! Ne tenez pas plus compte de ses fantaisies d'agonisant que d'une guigne et rendez carrément son immense fortune à cette noble famille des Ballet-Bouilly que je représente et dont le désintéressement proverbial a déjà assez souffert de ces tristes débats. Laissez à sa fange l'indigne épouse et rendez son auréole à l'honneur de l'époux outragé, par un éclatant acte de justice ! »

Maître Cascaron se tut.

— Plaît-il ? reprit le président Puceleau en sautant en l'air sur son fauteuil.

— La cause est entendue ! ajouta avec un redoublement de sourire le juge Chauminet, qui avait enfin trouvé le mot de son rébus.

— Sacristi ! C'est une belle femme tout de même ! pensa maître Cascaron, en s'épongeant et en contemplant de nouveau la marquise de Ballet-Bouilly, pendant que son ami, Polydore

Bouzinel, rédacteur en chef du *Grillon,* le complimentait et lui promettait de reproduire son discours *in extenso.*

Cette cause fut, en effet, pour lui l'occasion d'un triomphe. Grâce au sommeil du président Puceleau et aux distractions du juge Chauminet, il la gagna haut la main, bien qu'elle fût tout simplement inique. Il est vrai que l'infortunée veuve du marquis de Ballet-Bouilly avait été à peine défendue par son avocat, maître Peyrolade, lequel, se présentant à la députation, avait autre chose à faire qu'à soutenir les opprimés. Dans une plaidoirie ministre, maître Peyrolade dit son fait très nettement à la commission du service militaire, mais pas du tout à la famille des Ballet-Bouilly dont la cupidité était en train de mettre sa cliente sur la paille, au mépris de tous les principes et du simple bon sens.

— C'est fâcheux! dit en lui-même maître Cascaron, en entendant le président Puceleau, enfin réveillé, lire le jugement qui lui donnait gain de cause. Cette femme est un ange de beauté et de vertu!

—Tant que je ne serai pas ministre de la justice, ça se passera comme ça ! dit maître Peyrolade à la marquise pour lui remonter un peu le moral.

Mais celle-ci, qui était une femme résolue, ne s'en tint pas là. Forte de son bon droit, elle en appela du jugement et gagna net en seconde instance. Les Ballet-Bouilly furent flétris, à leur tour, ayant eu la mauvaise chance de tomber sur un avocat en passe de devenir procureur général. Les biens considérables du marquis revinrent à sa femme, qui alla s'établir dans le château du défunt.

Or, devinez l'étrange visite qu'elle y reçut un jour.

Rasé de frais, tout de noir vêtu, d'une correction parfaite dans les moindres détails, maître Cascaron, rougissant comme une jeune fille, se fit annoncer avec un visible embarras.

Avec un tact infini, Mme la marquise fit d'abord semblant de ne pas le reconnaître et le rassura sur ses sentiments quand il eut été forcé d'évoquer le souvenir de leur première entrevue.

Cascaron parut infiniment touché de cette attention et demanda la permission de revenir, permission qui lui fut accordée.

Le lendemain, il se faisait précéder par un magnifique bouquet.

Cinq jours après il risquait un aveu reçu avec bienveillance.

Un mois après, il était officiellement agréé comme fiancé.

— Il était donc joli comme un cœur, votre Cascaron ? allez-vous me dire.

Non, mes petits chats, il n'était pas joli ; il était même laid. Mais la marquise de Ballet-Bouilly grillait intérieurement de se remarier. Or la plaidoirie de cet animal, plaidoirie dont vous connaissez les passages les plus saillants, lui avait au fond, fait le plus grand tort. Elle était absolument perdue de réputation par le morceau d'éloquence reproduit fidèlement dans les colonnes du *Grillon*. D'où il suit qu'en lui demandant sa main, Cascaron ne faisait que réparer le mal qu'il lui avait fait, réparation qu'elle-même jugeait pleine de délicatesse.

Il y avait un mois qu'ils étaient mariés, et la lune de miel n'avait pas épuisé pour eux l'or de ses rayons. Ils causaient tendrement en savourant une tasse de café sur la terrasse fleurie de leur castel.

— Avoue que je suis généreuse, Zéphyrin, de t'avoir pardonné toutes les vilaines choses que tu m'as dites à l'audience.

— O Véturie, pardonne aux exigences de la profession.

— Quand je pense que tu m'as comparée à Messaline et à Marguerite de Bourgogne!

— Je te jure que je disais ça pour le tribunal, sans en croire un traître mot.

— Et encore c'était pour me mettre au-dessous d'elles!

— Pure exagération de métier, mon ange!

— Et tout ce que tu m'as dit après donc! Tu m'as appelée misérable et tu as parlé de ma fange.

— Oublie tout cela, je t'en conjure.

— C'est difficile. Je le veux bien pourtant, mais à une seule condition.

— Parle, ô ma pure colombe.

Alors s'approchant de son époux, avec des façons tout à fait câlines et lui passant son joli bras blanc autour du cou:

— Dis-moi maintenant la vérité, dit la nouvelle

Mme Cascaron, car il y a assez longtemps que je me la demande. Puisqu'il n'y avait pas de preuves, comment as-tu appris que je trompais mon premier mari ?

III

LA ROBE VIRILE

Je suis obligé de reconnaître qu'au moment où commence cette histoire, le jeune vicomte Gontran de la Muselière se livrait à une occupation qui ne rappelait que de fort loin l'héroïque conduite de ses aïeux aux Croisades. Car personne n'ignore, ou presque personne, qu'un Sigismond de la Muselière mourut de la gale en vue de Jérusalem, après l'avoir donnée à un tas de Sarrasins. Oublieux de cette légende illustre, le jeune vicomte Gontran taillait prosaïquement un bac dans une brasserie à femmes de la rue des Écoles, à l'enseigne du *Cochon qui renifle* ou à celle du *Lapin empoisonné.;* je ne saurais préciser vraiment. Là, sous un nuage de fumée crevé, çà et là, d'étoiles par la pointe périodiquement incandescente des cigarettes, dans l'haleine spiritueuse des grogs américains tiédissants et des bocks émoussés, notre gentilhomme tripotait le carton avec fureur, entouré d'un cercle de jeunes naïfs et de vieux filous. A côté de lui et penchée sur son épaule, sa maîtresse, la belle Nini Sacoche, ainsi nommée parce que son aumônière de velours grenat brodée d'or fin ne manquait jamais de pendre à sa ceinture, suivait son jeu avec la feinte anxiété d'une personne dont s'agitent les destinées. Habitant la rive droite de la Seine, comme toutes les femmes qui se respectent (afin d'être sûres d'être respectées par quelqu'un), Mlle Nini ne dédaignait pas de se venir encanailler de temps en temps sur la rive gauche. Elle y était remarquablement fidèle à Gontran. Ce qui prouve bien que la fidélité n'est qu'une question de climat, puisqu'elle le trompait avec délices, et bien d'autres, dès qu'elle avait passé la rivière. Lui, Gontran, demeurait, par genre, rue Racine, pour se distinguer des autres étudiants qui, maintenant, vous le savez comme moi, sont généralement domiciliés rue Laffitte, et viennent aux cours en coupé. Car il étudiait, ce jeune la Muselière ; il étudiait le droit depuis six ou sept ans. Il avait déjà failli plusieurs fois être avocat. Une certaine rectitude native dans l'esprit et une certaine incapacité à embrouiller d'un seul mot les situations les plus claires l'avaient, seules, empêché de parvenir à cette dignité. En effet, au fond, il aurait dit son fait, tout comme un autre, à un mur mitoyen et traité une hypothèque illégale suivant ses mérites. Pas pressé d'ailleurs d'en finir avec les Pandectes, car la vie lui semblait infiniment plus amusante à l'ombre du Panthéon que dans ses terres de Saint-Martin-les-Chausses, en Limousin.

Il venait de se faire ratisser la poche indignement quand Antoine, le garçon de l'hôtel meublé où il gîtait, entra comme la foudre, faisant claquer aux murs les deux portes vertes à persiennes de l'établissement.

— Monsieur, monsieur, lui dit ce maroufle en haletant, votre oncle est là !

— Il fallait lui dire que j'étais au cours, imbécile !

— C'est ce que j'ai fait. Alors il s'est installé dans le bureau et a déclaré qu'il ne sortirait pas sans vous avoir vu.

— La peste l'étouffe ! Attends-moi, Nini, pour dîner.

Et le jeune vicomte sortit, en grommelant un tas de propos incongrus sur la famille.

— Or çà, asseyez-vous à ma dextre, mon beau neveu, et prêtez une extraordinaire attention à ce que je vais vous dire.

Ainsi parla, en croisant ses jambes avec dignité, le marquis Formiché de Haultebraise, oncle maternel du jeune vicomte Gontran de la Muselière. Après quoi, il continua comme il suit :

— J'ai vu le Roy, il y a quelques jours, et Sa Majesté s'est inquiétée de vous. Elle croyait que vous n'aviez encore que douze ans, et quand je lui ai dit que vous en aviez vingt-cinq, elle a été toute surprise : Quel siècle à la vapeur que le nôtre ! a-t-elle observé en souriant finement. Car vous savez que le Roy n'est pas, par tempérament, ennemi du progrès. Il a immédiatement ajouté qu'il était grand temps que vous fissiez quelque chose.

— Mais, mon oncle, nos opinions ne me défendent-elles pas de servir un gouvernement illégitime et oppresseur ?

— Ce n'est plus la pensée du Roy. « Mon vieux Mimiche, m'a-t-il dit avec une familiarité char-

mante, je ne vois plus aucune bonne raison pour
que mes fidèles refusent à la République un concours qu'elle mérite de plus en plus par l'essai
loyal qu'elle fait des plus pures traditions monarchiques. En entrant pleinement et franchement
dans la voie des privilèges, des abus, des passe-
droits, en devenant par excellence le régime de
la faveur et du bon vouloir, en faisant de chacun
de ses députés un petit seigneur féodal devant
qui tous les fonctionnaires locaux tremblent, en
préparant une persécution laïque qui ne le cédera
en rien à la persécution religieuse par l'intolé-
rance des procédés, en conservant d'ailleurs pieusement une administration violemment réac-
tionnaire, la République rend au passé un hommage dont je suis sincèrement touché. Vraiment je ne me la représentais pas comme ça... et
cet animal de Rochefort non plus, j'en suis convaincu. Je me figurais bêtement un régime d'égalité et de justice, de liberté et de respect des lois,
qui me tournait sur le cœur. Mais une République comme ça, c'est gentil, et je ne saurais trop
engager mes amis à la servir, quitte à faire observer un jour ou l'autre au peuple, qui ne manque
pas de bon sens, qu'il ferait aussi bien de repren-

dre son ancien collier que de garder celui-là, lequel, étant moins usé aux angles, écorche davantage le cou. Ainsi, mon vieux Mimiche, flanque-moi ton neveu dans les fonctions publiques et plus vite que ça. C'est ce que les anciens appelaient : revêtir la robe virile. »

Ainsi parla Sa Majesté.

— Vous allez donc partir pour Saint-Martin-les-Chausses, ce soir même ! continua M. de Haultebraise. Notre député vient de mourir et vous préparerez votre candidature à sa succession.

— Mais, mon oncle, j'ai quelques dettes à Paris.

— Bravo ! bon sang ne ment pas. Je les payerai.

— Mais j'ai une maîtresse à qui je veux dire adieu.

— Invitez-la à dîner de ma part. Je me charge de tout.

— Au résumé, pensa Gontran, ça me sort pécuniairement d'affaire et j'en serai quitte pour revenir le plus tôt possible. J'emporterai la clef de Nini pour lui bien prouver que rien n'est rompu.

Et les choses se passèrent comme l'oncle les avait décidées. Le dîner fut même très gai. M. de Haultebraise avait les belles manières de la noblesse d'antan. Il traita Mlle Sacoche avec autant de cérémonie que si elle eût été princesse du sang. Il est rare que les femmes ne soient pas extraordinairement sensibles aux respects qu'elles méritent le moins. Rien n'est plus aisé que de se faire aimer d'une fille en ayant pour elle les mêmes égards qu'on garde d'ordinaire aux personnes du monde. Je conseille même ce procédé aux jeunes gens sans fortune. Il témoigne d'une bonne éducation et est remarquablement économique. Il constitue un chapitre à part dans l'art de se faire dix mille livres de rente en élevant des lapins.

Nini trouva donc M. de Haultebraise charmant. Elle se bourra consciencieusement d'écrevisses à la bordelaise et de foie gras. Comme on était aux longs jours, on prit une voiture ensuite et on alla respirer l'air du soir au Bas-Meudon. Le soleil descendait dans une buée d'or vers le fleuve plein de frissons. Deux ou trois vaches, conduites par une gamine, pataugeaient dans l'herbe humide de la berge. L'une d'elles s'étant détachée pour aller boire à pleins naseaux dans la Seine :

— En v'là une sale bête qui met de l'eau dans son lait ! lui cria Nini avec une indignation sincère.

L'oncle Haultebraise trouva le propos très spirituel et digne de Mme Deshoulières.

Ce fut une partie charmante.

A minuit, le jeune vicomte Gontran de la Muselière prenait le train pour le Limousin, une fleur à la boutonnière et la clef de l'appartement de Nini dans sa poche.

Je vous fais grâce des détails de sa campagne électorale. Saint-Martin-les-Chausses étant un pays singulièrement arriéré, un candidat légitimiste y pouvait réussir, à la condition toutefois de promettre autant de billevesées qu'un candidat républicain. Mais là encore, Gontran fut trahi par l'indécrottable honnêteté de sa nature. Il lésina sur les promesses. Il fit un programme mesquin. Il eut peur des cahiers électoraux, l'imbécile ! Il n'engagea sa parole que pour quatre chemins de fer et trente-deux débits de tabacs. Son rival, un fin démocrate, fit miroiter dix-sept voies ferrées, la situation de tête de ligne, et un si grand nombre de débits de tabac que tout le monde, à peu près, serait buraliste dans l'arrondissement. Il n'y avait pas à hésiter! De plus, la profession de foi du jeune La Muselière était scandaleusement libérale. Celle de M. Baudru, le fin démocrate, laissait entrevoir, au contraire, une foule de répressions et respirait, d'un bout à l'autre, les rancunes de parti. Inutile d'ajouter qu'elle eut toutes les sympathies. Gontran fut blackboulé de la belle façon, après avoir dû écouter patiemment, dans les réunions publiques, une foule de choses désobligeantes pour son Roy.

— Ouf! fit-il, quand ce fut fini, je vais pouvoir reprendre le train.

Et, après un adieu sans tendresse à son ingrate patrie, il se précipita dans un bon compartiment de première et y alluma le cigare de la délivrance.

Il était cinq heures du matin quand il arriva à Paris.

Il n'avait pas écrit à Nini pour lui annoncer son retour. Pas si bête! Ça serait si bon de la surprendre!

Et, faisant gaiement tournoyer, autour de son doigt ganté, une petite clef qui ne l'avait pas quitté, il caressait mille rêves voluptueux dans le fiacre qui l'emportait vers le logis de sa bien-aimée.

C'est sans bruit qu'il fit jouer la serrure et sur la pointe des pieds qu'il entra dans la chambre de Mlle Nini. Une odeur chère et connue lui monta au cerveau en y pénétrant. Les rideaux fermés n'y laissant filtrer le jour naissant que par deux raies étroites et argentées, il eut besoin d'habituer ses yeux à cette obscurité presque complète avant de s'y reconnaître. Mais ce fut bientôt fait. Le lit trônait à la même place sous son double panache de rideaux. O surprise aimable! Au pied du lit et sur une causeuse sa vareuse du matin, à lui, était ouverte, et son bonnet turc était posé. Ainsi, pendant son absence, sa fidèle amie avait trouvé une douceur amère à s'entourer de ses moindres souvenirs! Il approcha, le cœur palpitant. Derrière les rideaux du lit, l'ombre était presque absolue et il ne voulut en soulever que juste assez pour se glisser entre eux vers la couche où l'attendait le bonheur. Il se pencha, sans voir, dans le sens de l'oreiller et appliqua un baiser brûlant sur la tête qu'y rencontrèrent ses mains tâtonnantes.

Une énorme gifle s'abattit sur sa figure et un juron épouvantable sonna dans la nuit.

En même temps, les rideaux s'étant violemment ouverts, il vit son propre oncle, M. le marquis de Haultebraise, qui s'élançait du lit dans un appareil n'ayant rien de la majesté des cours, tandis qu'une femme épouvantée, mademoiselle Nini, parbleu! se pelotonnait dans la ruelle avec des petits cris de chatte en mal d'enfant.

— Corbleu! mon oncle!...

— Fichtre! mon neveu!...

Et ils se contemplèrent un instant, en silence, étant, au fond, aussi embarrassés l'un que l'autre d'entrer en explications.

— Vous me permettrez, monsieur, reprit enfin et lentement Gontran, de trouver votre conduite parfaitement indélicate et indigne d'un homme de votre âge.

— Et moi, monsieur, riposta M. de Haultebraise sur le même ton, vous m'autoriserez à vous dire que je vous trouve fort impertinent d'oser vous présenter encore devant moi après le ridicule échec que vous venez de faire subir au parti du Roy.

— Est-ce que j'entends rien à la politique ! monsieur !

— Ce n'est pas ma faute, mon beau neveu, car je viens de vous apprendre à quoi elle se résume, au moins pour les gens d'esprit.

— Et à quoi, s'il vous plaît ?

— Mais à prendre la place des autres quand elle vous semble agréable.

Et M. le marquis de Haultebraise pirouetta, en riant, sur le talon rouge de sa pantoufle.

IV

VIE INNOCENTE

Il y a des noms qui, comme l'a judicieusement fait observer un des maîtres de la langue contemporaine, sont de véritables professions de foi, tant ils semblent contenir en eux le secret d'une destinée. M. Van Duflan s'appelait devant l'Église et devant l'état civil : Oreste. N'en conclus pas trop vite, lecteur bénévole et malin, qu'il devait un jour, pour venger un père oublié, plonger un couteau dans le sein d'une mère coupable, afin d'inspirer aux Leconte de Lisle de l'avenir une admirable tragédie. Non. L'aspect débonnaire seul de M. Van Duflan protesterait contre ce pronostic sanguinaire. Il s'appelait vraisemblablement Oreste, parce qu'il devait rencontrer, dans la vie, un autre monsieur nommé Pylade à qui devait l'unir une éternelle amitié. Pylade Baladens avait été, en effet, son camarade à l'Université de Liége, et des rives de la Meuse à celles de l'Escaut, leur fraternelle affection était renommée. Jamais l'un sans l'autre : vous parliez à celui-ci et c'est celui-là qui vous répondait. Tout en commun : vous empruntiez de l'argent à Oreste et c'est Pylade qui vous poursuivait en remboursement. Doués l'un et l'autre d'une notable fortune, ils aimaient à obliger leurs contemporains pour leur faire ensuite des frais. Charmantes natures ! Au physique seulement ils ne se ressemblaient pas. Oreste était infiniment plus laid que Pylade, qui, cependant, n'était pas déjà fort beau. Cette absence de charmes extérieurs ne les avait empêchés ni l'un ni l'autre, d'ailleurs, de se bien marier. Ils avaient épousé, le même jour, devant le même bourgmestre et aux pieds du même autel, deux amies de pension dont l'intimité était également proverbiale. Malvina et Céleste s'aimaient, en effet, comme deux sœurs. La première, brune, et portant dans les veines un peu de ce sang méridional que laissa dans les Flandres l'occupation espagnole ; la seconde, blonde comme un Rubens, avec une belle carnation fouettée de rose. Au demeurant, charmantes toutes les deux et appétissantes à l'envi.

Quand elles furent Mme Malvina Van Duflan et Mme Céleste Baladens, un double trait d'union se posa entre les deux ménages, un double lien se resserra. Ils se logèrent tout près l'un de l'autre et commencèrent de mener une existence rappelant les douces voluptés de l'âge d'or.

Rien de plus touchant que les attentions réciproques d'Oreste pour Pylade et de Pylade pour Oreste, que les procédés charmants de Malvina pour Céleste et de Céleste pour Malvina. Les deux hommes avaient pris un cabinet d'affaires en commun. Ils en étaient venus à ce point de délicatesse de se disputer les débiteurs insolvables et les créances irrécouvrables. O les angéliques fesse-mathieux ! Et ces dames donc ! Appartenant toutes deux à la même association charitable, c'était à qui des deux volerait un peu les pauvres pour faire un cadeau à son amie, une surprise à sa collègue. O les délicieuses philanthropes ! Un jour Pylade ayant fait un petit faux de rien pour se faire payer quelque argent qu'on ne lui devait pas, Oreste prit à son compte cette peccadille devant le tribunal et se fit généreusement offrir, par un président qui s'en fichait pas mal, l'amende et la prison dus à son associé. Une autre fois, Malvina ayant imprudemment fourni à des indigents qui ne savaient pas lire des correspondances d'omnibus pour des bons de viande, ce fut Céleste qui, à l'assemblée générale suivante, expliqua, dans une éloquente plaidoirie, comment elle seule était responsable de cette distraction. Tout était à l'avenant de ces deux traits admirables. C'était, entre les deux maisons voisines, un échange continuel de fleurs, de plats sucrés et de sourires. On ne mangeait rien dans l'une dont on ne goûtat dans l'autre. On se repassait les bains avant qu'ils aient eu le temps de refroidir. Tout le monde enviait à ces deux couples heureux cette fraternité complète, cette communauté entière de sentiments et de plaisirs. Le même rayonnement paisible et doux semblait se dégager de ces quatre consciences égales et pures.

Ce fut donc pour Oreste une surprise particulièrement désagréable de découvrir, un beau matin, d'une irréfutable manière, que son ami Pylade le faisait outrageusement cocu.

Une lettre oubliée sur un meuble l'avait mis au courant de ce détail.

Ah ! son premier mouvement fut terrible ! Il emplit de cartouches un revolver pour aller brûler incontinent la cervelle aux deux infâmes. Mais la réflexion lui vint vite, et, avec la réflexion l'horreur de massacrer un ami comme Pylade et une femme comme Malvina. Et puis, que deviendrait le cabinet d'affaires ? Il se calma donc et résolut même de ne provoquer, de la part des coupables, aucune explication pouvant aboutir à une violence. Ce n'était pas un étourneau ni un salpêtre que ce M. Van Duflan. Après une heure ou deux de méditations amères mais prudentes, au lieu du revolver, il prit tout simplement son chapeau et s'en fut machinalement, comme à l'ordinaire, chez M. Baladens. Il y trouva Céleste toute seule, fort mélancolique aussi. Un rapide échange de pensées se fit entre ces deux belles âmes et le même secret s'en exhala ; car, elle aussi, Céleste, venait de découvrir la vérité. Mais elle non plus, n'avait rien voulu rompre, après une de ces enfantines colères qu'une rosée de larmes éteint.

— Ah! soupirait Oreste, être trompé n'est rien ou, du moins, est chose commune... Mais l'être par son ami le plus cher!

— Ah! répondait Céleste, tous les maris sont, paraît-il, infidèles... mais avoir pour rivale celle que j'appelais ma sœur!

— Plût au ciel que ce fût un autre qu'elle aimât! poursuivait celui-ci.

— Dieu veuille qu'il eût pris une autre maîtresse!

— En voilà un dont je me vengerais avec joie!

— En voilà une à qui j'arracherais les yeux!

Ils s'arrêtèrent tout à coup, dans leur lamentation alternée comme celles des chœurs antiques, en se posant en même temps le doigt sur le front comme font les gens devant l'esprit de qui se dessine une idée et se définit un plan.

— Il faut qu'elle ait un autre amant!

— Il faut qu'il ait une autre bonne amie!

Et ils se serrèrent la main en silence avec un geste de conspirateurs.

— Ma chère Malvina, M. Jacques Moulinot, un

jeune Français que sa mère m'adresse pour lui apprendre le maniement de l'usure et qui logera à la maison.

Ainsi parla le bon M. Van Duflan à sa femme en lui présentant l'ami Jacques. Et quelques jours après, Mme Baladens, faisant le jeu de son complice, disait à son amie : « As-tu remarqué comme ce M. Moulinot est joli garçon ? Il a vraiment des yeux irrésistibles. Et quel esprit !... Tu sais qu'il a l'air amoureux de toi ?... J'aime mieux cela... car moi je crois bien que je ferais vite une sottise s'il m'y engageait de trop près... »

Ainsi parlait-on chez les Van Duflan.

Voici maintenant ce qui se disait chez les Baladens :

— Mon ami, mon cher époux, que je vous remercie de m'avoir donné cette dame de compagnie anglaise ! C'est d'ailleurs une personne tout à fait distinguée, que cette miss Levrett. Elle a vraiment de grandes façons et elle est en train de composer une bible alphabétique dans le genre de la *Cuisinière bourgeoise,* qui, paraît-il, est attendue avec une grande anxiété de l'autre côté de la Manche. En même temps, M. Van Duflan, suivant les conventions faites avec Céleste, ne perdait pas une occasion de dire à Pylade : « As-tu fait attention aux bras de miss Levrett. Ils sont d'une beauté !... Sa tête est vraiment charmante et pleine de caractère... Son corsage me paraît fort bien meublé. Je la regardais hier encore assise sur un pliant.. Oh ! oh ! oh ! Ah ! mon cher Baladens, si j'avais une femme comme ça chez moi, je crois que la pauvre Malvina en verrait de dures !... D'autant que miss Levrett te fait en dessous, gros naïf, un tas d'agaceries. »

Ces manèges-là réussissent toujours.

Cependant Jacques faillit brouiller tout le complot en adressant tout d'abord ses hommages à la vertueuse Céleste, dont les opulences de chair le grisaient jusqu'aux moelles. Mais une simple griffe suffit à le ramener au sentiment des convenances et de la réalité.

Le rêve du clément Van Duflan et de l'incorruptible Céleste s'accomplissait de point en point. Madame Baladens avait délaissé Malvina pour miss Levret et Malvina avait oublié Pylade pour l'ami Jacques.

Restait à tirer la terrible vengeance dont les deux imprudents étrangers devaient être l'objet.

— Nous devrions organiser une partie de campagne dans laquelle nous les pincerions, en même temps, en flagrant délit, proposa M. Van Duflan.

—L'idée me paraît excellente, répondit Céleste, d'autant que la campagne et le grand air sont infaillibles pour ces choses-là. Nous les laisserions s'isoler en les suivant sournoisement. Et crac !

— J'emporterai une cravache et un pistolet J'ai le droit de vous tuer, monsieur, et vous êtes mort si vous ne consentez à vous laisser cingler le visage en présence de votre complice.

— Je me munirais d'une verge et d'un flacon d'acide sulfurique : J'ai là de quoi vous défigurer, madame, mais je préfère vous fesser à tour de bras à la barbe de votre amant.

— Ce sera grandiose et original.

— Ce sera original et grandiose.

Et la fête se prépara, superbe et coûteuse. Car M. Van Duflan et Mme Baladens voulaient à leur vengeance un magnifique décor. Ils firent des frais exorbitants de volailles savoureuses, de vins exquis, de fruits délicieux. Lucullus dans la banlieue ! Sardanapale en villégiature! Il fallait faire perdre la raison à ceux qu'on voulait punir.... *Quos vult perdere Jupiter dementat.* M. Baladens et miss Levrett se dirigèrent du même côté et, en même temps, Jacques Moulinot et Mme Van Duflan. La nuit était presque venue, et l'ombre permettait toutes les poursuites, toutes les trahisons. La nature favorisait les méchants et les jaloux.

. . . .

Une demi-heure après, M. Van Duflan regagnait le rendez-vous général, ayant au bras Malvina.

— Où diable a passé M. Moulinot? lui demandait celle-ci de l'air le plus naturel du monde. Il a disparu un instant avant que vous me rencontriez.

En même temps, Mme Baladens se rendait au même endroit donnant le bras à son mari :

— Vous ne savez pas ce qu'est devenue miss Levrett? demandait Pylade à sa femme très simplement. Je la croyais auprès de moi quand tout à coup je ne l'y ai plus trouvée.

— Eh bien? dit tout bas Oreste à Céleste.

— Il était seul : et vous ?

— Elle était seule aussi.

— Où donc est-elle ?

— Où donc est-il ?

Et ces deux êtres innocents n'en savent pas davantage aujourd'hui. Ils ne savent rien, sinon que leur vengeance leur a échappé. Moi, je suis mieux instruit, ayant reçu, le lendemain, ce billet de Jacques :

« N'en dis rien à ma mère, mais je viens de faire une nouvelle folie. J'ai enlevé une institutrice anglaise qui est charmante et qui s'ennuyait dans les Pays-Bas autant que moi. Je te conterai ça. »

C'est tout conté, monsieur Jacques.

V

VENGEANCE DE MAR

Ce que c'est pourtant que de nous ! Avoir été un des plus sémillants officiers de la garde royale, porter un nom fameux au temps des croisades, s'être entendu comparer à Lauzun, posséder un coffret plein de souvenirs de femmes, et vieillir seul, dans un château abandonné, n'ayant pour compagnie que de grossières gens ! Ce sort épouvantable était cependant, il y a quelques années, celui du marquis Veaubouché de Fessencœur, un ancien beau, un ancien brave, un double débris ! Lui-même s'indignait quelquefois de cette trahison de la Fortune, las qu'il était de contempler, au-dessus des portes de son castel, le fier blason des ancêtres écorné et rongé par les mousses, ou bien de poursuivre mélancoliquement un lièvre dans les avenues d'un parc aux allées herbeuses, aux taillis mal peignés. Alors le regret de ne s'être pas marié comme tant d'autres lui venait, bien que la pratique d'une vie orageuse lui eût donné de la vertu des femmes une opinion engageant peu à nouer avec elles des nœuds éternels. Il les avait beaucoup aimées, — celles des autres s'entend, — et elles le lui avaient beaucoup rendu, — aux dépens des autres, s'entend encore. — Mais tout ne valait-il pas mieux que cette solitude désespérée dans un coin de province ignoré des touristes eux-mêmes, et auxquels les géographes, qui ne sont pas difficiles pourtant, refusaient jusqu'à leur estime !

A force de méditer sur ce thème douloureux, le marquis en vint à concevoir une idée qui aurait dû lui mériter une bonne loge au grand théâtre de Charenton, celle de réparer l'ancienne omission et de se refaire l'existence autrefois manquée, l'existence à deux, pleine de soupçons et d'angoisses, mais aussi de tendresses et de pardons. Il se dit d'ailleurs qu'ayant beaucoup étudié sur le vif les ressources de la fourberie féminine, il en aurait plus aisément raison qu'un autre — car il était décidé à veiller de près sur son titre, ne tolérant pas même la pensée d'un accroc à l'honneur de son nom. Il se dit encore et enfin qu'en élevant à lui une jeune fille sans fortune, sans naissance, il obtiendrait de sa reconnaissance la fidélité qu'on ne saurait quelquefois demander même à l'amour.

Et c'est par cette suite de raisonnements absurdes que le marquis Veaubouché de Fessencœur fut conduit à demander un jour solennellement la main de Mlle Ève Mitonnet, fille du sieur Mitonnet, avoué à Charançon-sur-Orge, lequel Mitonnet fut trop heureux de se débarrasser de sa race dans des conditions inattendues.

Ève n'était ni brune ni blonde, mais elle était brune et blonde à la fois, ayant sur des cheveux bruns d'admirables reflets d'or et dans des yeux foncés de pâles et mourantes étincelles. Ce genre de beauté double, équivoque, malaisée à définir est particulièrement redoutable. Il y a de tout dans ces natures complexes, des caresses infinies et des colères redoutables. Mais il y a surtout un instinct perfectionné de trahison, un don d'hypocrisie rare même chez ce sexe dont la tromperie est le véritable élément. Heureuse d'être madame la marquise, Ève résolut de rendre heureux

monsieur le marquis, et elle y parvint sans grand'-
peine, le pauvre vieux buvant, comme une envolée
de soleil ou comme un verre de vin réchauffant,
le rayonnement tardif de cette éclatante jeunesse.
Comme il se soûlait à pleins regards de cette
crinière opulente aux fauves lumières, de ce beau
teint mat aux éburnéennes blancheurs, de ces
chairs roses et fermes enfermées dans de si har-
monieuses lignes! Comment eût-il pu, d'ailleurs,
souffrir de ce qui faisait sa joie, en devenant
jaloux de tant de charmes? Il habitait seul, avec
sa jeune femme, le moins fréquenté des châteaux,
sans amis, sans visiteurs, sans voisins, dans
une façon de Thébaïde où se complaisait son
rêve.

Il en fut, du moins, ainsi jusqu'au jour où son
vieux camarade, son plus cher compagnon d'autrefois, officier aussi de la maison de Charles X,
le comte Flagellant de Vertmiché, lui adressa son
neveu, colonel de hussards, que le hasard des
garnisons envoyait dans le chef-lieu du département. Confiant dans une compagne aussi tendre
pour lui qu'Ève, tout au souvenir d'une affection
douce et virile à la fois, M. de Fessencœur reçut à
merveille le nouveau venu, lui ouvrit sa maison

toute grande, en fit son hôte ordinaire. Ce fut, de vous à moi, une grande sottise qu'il fit.

Il fut près d'un an sans s'en apercevoir. On s'habitue au danger d'autant plus aisément qu'on ne le voit pas. C'était son cas. Il fallut, pour lui ouvrir les yeux, la surprise de signes d'intelligence entre le colonel et la marquise. Alors il surveilla, observa, espionna. Mais je vous ai dit qu'Ève était une femme plus fine que presque toutes les autres. Il en fut pour ses humiliantes démarches et ses maladroites embûches. Et cependant, comme au fond il n'était pas une bête, il ne doutait plus. Il se dit alors que le piège le plus grossier et le plus usé était encore peut-être le meilleur. La naïveté est la meilleure arme contre les malins. Il est rare qu'ils la soupçonnent. Ce qui est trop simple n'entre plus dans leur esprit. Il imagina des affaires de famille à débrouiller chez des notaires de Paris et annonça son départ. Tout avait été si bien préparé qu'on y crut. On y crut bien davantage encore quand un valet, envoyé par Ève sur les talons du marquis, vint annoncer qu'il l'avait vu, de ses yeux vu, monter en wagon, ce qui supposait, chez ce subalterne, un don d'ubiquité bien merveilleux, attendu qu'il était demeuré à deux lieues de la gare, dans une auberge, à jouer au bouchon. Le colonel lui donna deux louis pour ça, ce qui, avec les dix sous qu'il avait gagnés dans l'auberge, lui fit une jolie journée.

J'insisterai peu sur ce qui se passa après, n'ayant qu'un goût médiocre pour la paille humide des cachots.

Je vois cependant, dans le petit salon de la marquise, un brillant officier fort empressé auprès d'elle. Il est minuit et tous les domestiques sont couchés. Il conjure... Que demande-t-il ? Je ne veux pas le soupçonner. — Plus tard ! plus tard ! a-t-on l'air de lui répondre. Ève se lève et retourne à son piano grand ouvert. Elle exige que le colonel se tienne debout auprès d'elle. Tiens ! le grand duo des *Huguenots*. Elle chante et veut qu'il chante aussi. L'emportement de ce divin morceau les affole et leurs voix vibrantes d'amour en exhalent, avec un frémissement superbe, les accents passionnés. L'art est venu à la rescousse de leur tendresse et l'enfièvre. Ils tombent dans les bras l'un de l'autre, mêlés dans un baiser furieux. Le colonel presse la taille de la jeune femme ! Est-ce une illusion ? Ils dansent, ils tournent, ils ont le vertige, et c'est sur un pas de valse qu'ils disparaissent derrière la vieille tapisserie qui sépare cette pièce de la chambre de Mme la marquise.

La plus vulgaire discrétion nous interdit de les y suivre.

Nous les attendrons donc dans le petit salon maintenant désert où des roses effeuillées roulent sur le tapis parmi des partitions déchirées. Voilà près d'une demi-heure que la petite horloge de cuivre repoussé trouble, seule, de son balancement monotone, un silence plus monotone encore.

Mais quel fracas !

— Obéissez ! ou vous êtes mort !

C'est la voix du marquis, redevenue jeune et formidable par la colère, qui a dit ces mots.

Et la tapisserie se lève de nouveau et le marquis, tout de noir vêtu, tenant deux pistolets en joue, apparaît, précédé de sa femme et de son coupable ami, dans une tenue d'une nocturne familiarité. Il leur fait signe de s'approcher du piano, sans interrompre un instant la double menace de son arme abaissée, puis il s'assied, toujours dans la même attitude, et d'un ton presque gracieux :

— Colonel, fait-il, vous avez une voix de ténor qui m'a paru charmante. Veuillez recommencer avec madame, et pour moi cette fois, le duo que vous avez si bien chanté tout à l'heure.

Que faire? Le colonel était brave et eût mille fois préféré pour lui-même la mort à cette série d'humiliations. Mais sa mort c'était le scandale et la réputation de la marquise foulée aux pieds des manants. Peut-être, à force de soumission, désarmerait-il son bourreau, quitte à s'en venger plus tard ! Il obéit, Ève s'étant machinalement remise au piano.

Ah! mes amis, quel spectacle ! Ombre de Meyerbeer, voile-toi ! Quel Raoul et quelle Valentine! Ève échevelée était belle encore dans le désordre de sa toilette et laissant des larmes de rage mouiller sa poitrine nue. Mais un homme en chemise est toujours parfaitement ridicule. Vrai, ce pauvre colonel en bannière était irrésistible. La perruche de la marquise en faillit perdre la rate. « Oui, tu l'as dit ! » fut particulièrement hilarant. Jamais profanation d'un chef-d'œuvre ne fut plus complète.

— Il me semble que vous étiez plus en voix tout à l'heure, dit simplement le marquis quand ils en arrivèrent, haletants, à la dernière mesure. Mais vous danseriez bien aussi un peu, toujours pour moi ? — Obéissez, ou vous êtes morts.

— Je regrette beaucoup de ne pas savoir de valse, mais je vous serai fort obligé d'exécuter une gavotte sur le petit air que je vais vous siffler.

Et, tandis que l'impitoyable vieillard rythmait, de ses lèvres fiévreuses et d'un souffle inégal, les cadences surannées d'une danse d'antan, on les vit, lui, le malheureux colonel décidé à aller jusqu'au bout pour sauver sa complice, et elle, la splendide créature, obéissant comme un automate et sans volonté, esquisser dans un frémissement de linge blanc, une série de pas grotesques.

— Et maintenant, allez-vous-en ! Vous pouvez emmener cette femme, si bon vous semble, car je la chasse !

Tel fut l'arrêt qui suivit ce curieux divertissement.

Le marquis avait-il mesuré toute la rigueur de sa vengeance et l'infernale cruauté de sa fantaisie ? Je ne le sais pas. Mais le colonel et la marquise, condamnés à vivre de la même réprobation sociale, ne peuvent plus se regarder en face. De s'être vus ridicules, ils se sont devenus irrémissiblement odieux. Ce faux ménage est une succursale de l'enfer.

Mais leur juge n'est guère moins à plaindre qu'eux-mêmes. Plus morne, plus abandonné, plus désespéré qu'autrefois, il passe des journées entières à regarder le piano de la marquise, sifflotant mécaniquement avec un air stupide la gavotte qu'il lui fit danser avec son amant, tandis qu'une larme pointe au coin de son œil gris sans avoir jamais la force de couler.

Cherche qui voudra ce qu'il y a dans cette larme.

VI

DISTRACTION ÉPISTOLAIRE

« Mon cher ami,

» Ma foi, tant pis ! L'administration française me gratifie si chichement que je suis décidé à lui mesurer mes sueurs avec un pèse-gouttes. Régulièrement mon congé finit demain, mais je le prolonge irrégulièrement de huit jours. La campagne est admirable en ce moment ; j'ai du bonheur à la chasse cette année ; je ne suis donc que médiocrement pressé de me remettre au cou le collier de misère, encore que j'aie soin de le rembourrer d'une bonne dose de paresse. Rends-moi le service d'expédier les choses trop pressées qui se trouvaient sur mon buvard et, au cas où M. Petmoulin, notre vénéré sous-chef, s'apercevrait néanmoins de mon absence, ce qui est improbable, raconte-lui qu'un accident quelconque m'est arrivé — par exemple, que je me suis foulé le pied en faisant de la statistique. Ça flattera son goût favori.

» Adieu, mon vieux, et merci à l'avance. A charge de revanche d'ailleurs.

» Ton tout dévoué,

» Philothée Pampelune.

» Voreppe, le 23 septembre. »

Quelqu'un qui s'esclaffa franchement de rire en recevant cette épître, ce fut Mlle Céleste Bidet-Bayard, qui en relut plusieurs fois l'adresse avec un hilare étonnement.

— Encore une distraction de Philothée, dit-elle enfin à sa camériste Léonie Bridouille. Cet imbécile aura mis cette lettre dans une enveloppe destinée à un autre. Quant à la prose qu'il me réservait, Dieu sait où elle se promène ! C'est bien d'ailleurs le cadet de mes soucis. L'essentiel, c'est que j'ai encore une pleine semaine de liberté. Vite un mot à ce joli garçon qui m'a ramenée dimanche de la fête de Saint-Cloud... Où est sa carte ? Bon ! la voici ! *Monsieur Jacques Moulinot, attaché au ministère de la guerre.*

Et courant, en peignoir, à son pupitre de bois

de rose, elle y écrivit deux lignes sur un papier parfumé et les remit à Léonie Bridouille en lui recommandant de faire diligence. Celle-ci qui avait un bon ami à la caserne du quai d'Orsay, accepta la commission avec une joie mal dissimulée.

Il était onze heures pour le quart, comme on dit en style de répétitions, quand l'ami Jacques, qui faisait son entrée solennelle à son bureau, reçut en mains propres, de celles de Léonie Bridouille, le billet de Mlle Céleste. Sans perdre un instant, sans même jeter un coup d'œil à la nombreuse correspondance qui s'étalait sur sa table de travail, il sauta dans un fiacre et se transporta rue d'Aumale, 27, au logis de sa jolie correspondante.

— Mon ami, lui dit celle-ci après l'avoir embrassé mieux que fraternellement, voulez-vous que nous allions pour huit jours ensemble dans la forêt de Fontainebleau ? Mon amant, que j'attendais aujourd'hui, me laisse encore veuve pour ce temps-là.

— Ah ! Céleste ! s'écria Jacques en lui baisant

les mains, que vous êtes bonne et comme ça tombe bien ! Je remplaçais depuis vingt jours un camarade de bureau, mais son congé expire demain. Je vais lui écrire de me remplacer, à son tour, pendant une semaine.

Et Jacques le fit comme il l'avait dit.

— Partons tout de suite, dans une heure, sans bagages ! comme des fous ! continua Mlle Céleste. J'ai soif de nature et de bohème ! Pourquoi perdre du temps à rentrer chez toi, mon trésor ? Tu vas acheter six chemises en route et je te les mettrai dans ma valise.

— Quel rêve ! s'écria Jacques, quel rêve ! Seuls dans les grands bois ! Seuls à nous aimer dans cette grande fête de l'automne ! Oh ! merci ! Comme nous allons être heureux !

Et, pendant que Mlle Céleste, mal secondée par Léonie Bridouille qui avait bu un peu trop de mêlécassis au quai d'Orsay, achevait fiévreusement sa toilette, Jacques à genoux, près d'elle, se livrait à mille saugrenuités d'amoureux, baisant avec ardeur les petites mules tièdes encore de la chaleur parfumée du pied mignon qui venait de les quitter ; s'accrochant aux jupes de sa belle pour y noyer son front et ses yeux dans une extase charmante ; cherchant les ongles roses de ses doigts fins pour se les entrer dans le cou, et recevant pour tout cela de petites griffes caressantes avec un : « Voulez-vous vous tenir tranquille, monsieur ! »

Que l'imbécile qui n'a jamais fait de ces innocentes inepties lui jette la première pierre ! Une heure après, ayant recommandé leur âme à Dieu, ils montaient dans l'express de Lyon, qui s'arrête à Fontainebleau.

O Forêt que le vandalisme administratif menace sans trêve, Forêt qu'un impérial sylvain embourgeoisa sans pitié, grande Forêt qui fut le berceau de notre grande école de paysage moderne, toi dont les échos redisent les noms sacrés de Diaz, de Corot, de Rousseau, de Millet et chantent les plus pures gloires du pinceau, Forêt que la postérité vénérera à l'égal d'un temple de l'Art, qui ne t'a vue sous ta parure d'automne, couchée moelleusement sur ton tapis de feuilles tombées, ignore un des plus beaux spectacles qui soient au monde ! Je ne médirai certes pas des splendeurs naissantes du printemps qui vient, le front couronné de vert tendre, réveiller l'œil bleu des sources et tamiser, dans l'air mouillé, l'or vivant des premiers soleils. Mais combien est plus grande la majesté de l'automne élevant, sur ces espérances passées, son mausolée de souvenirs !

On dirait que, par une coquetterie suprême et quelque peu cruelle, la nature y affine et y accumule ses beautés prêtes à s'évanouir. Aux uniformes frondaisons de l'été succède une variété de tons infinie sur la cime des arbres ; depuis la pourpre qui fait l'orgueil des pampres, jusqu'au jaune clair de sequins neufs qu'agitent les bouleaux à leur hochet d'argent ; depuis les rouilles profondes que revêtent les hautes futaies jusqu'à la belle couleur d'émeraude des pousses renaissantes dans les taillis ; depuis les coulées de cuivre rouge qui descendent des chênes jusqu'au brun transparent des feuilles de marronnier recroquevillées comme des serres d'épervier. Et, sur ces masses multicolores des bois, un ciel changeant, rayé de larges bandes d'azur foncé, traversé par des nuages dont l'amoncellement se cabre comme une cavalerie du Parthénon, noyé, à l'horizon, de vapeurs qui semblent monter d'une invisible mer. Je ne sais quel parfum d'adieux erre dans l'atmosphère tiède où l'âme des violettes s'exhale encore, où l'aile mourante des derniers papillons bat d'inutiles rappels. O Forêt où j'ai promené les amours vaillantes et mélancoliques de ma jeunesse, ma plume s'arrête et mes yeux se mouillent à ton souvenir !

Allons donc, vieille bête ! (c'est à moi que je parle, ô bénévole lecteur, et non à toi que je suppose jeune et spirituel), où en étais-je déjà ? Au bonheur que trouvèrent deux amants dans cette forêt merveilleuse et durant les plus beaux jours de l'année. Vous croyez peut-être, mes petits Frisepoulets, que je vais vous le décrire par le menu pour vous donner de polissons chatouillements au cerveau ? — A d'autres, messeigneurs ! Enviez, avec moi, leur divine solitude dans le grand recueillement des êtres et des choses, leurs longues promenades la main dans la main, leurs douces siestes sur un seul lit d'herbe tendre, leurs causeries s'évanouissant en caresses. Enviez tout cela, mes mignons, car tout cela seul est bon au monde. Mais quant à le vouloir analyser comme un malpropre chimiste, quant à doser ces joies saintes dans un creuset pour en faire une pâte descriptive à l'usage des catharreux de l'amour, ce n'est fichtre ! pas moi qui ferai cette besogne. Apprenez seulement que, quand ils revinrent à Paris, après cette semaine d'Éden dans les bois, Céleste et Jacques s'aimaient mille fois plus encore, ce qui me porte à croire qu'ils avaient su bien employer leur temps.

Il fallut cependant revenir au bureau, après ce congé improvisé. M. Petmoulin n'était pas sévère mais il était juste.

— Ah ! te voilà enfin ! s'écria Philothée Pampelune, en voyant entrer Jacques qui fut frappé de l'air défait de son compagnon.

— Mon Dieu, qu'as-tu ? lui demanda-t-il.

— J'ai que depuis huit jours j'attends une drôlesse que j'adore ! Car je t'ai trompé, Jacques. Je ne suis pas resté en Dauphiné, comme je te l'avais écrit. J'étais revenu à Paris pour me cacher, huit jours durant, avec une bonne amie dont je raffole ! Mais la perfide s'était enfuie, le jour même de mon arrivée, avec un godelureau ! Et pourtant je l'avais prévenue. Voilà une pleine semaine que je passe les jours et les nuits à pleurer à sa porte. Enfin, ce matin, je me suis dit qu'il fallait se faire une raison et reprendre sa chaîne. Je suis venu.

— Ah! mon Dieu! pensa Jacques dont une pensée traversa le cerveau. Et, prenant sur sa table les lettres qui y étaient demeurées, le jour de son départ, il en ouvrit fiévreusement une dont l'écriture était de Philothée. Il lut :

« Ma Céleste chérie, j'arrive ce soir, *mais incognito;* j'ai chargé un imbécile de camarade de me remplacer au bureau afin de m'enfermer huit jours avec toi où tu voudras.

» Ton fidèle,
» Philothée Pampelune.

» Vorreppe, le 23 septembre. »

Le jour se fit immédiatement dans son esprit. Philothée avait mis dans une enveloppe à son nom la lettre destinée à Céleste et inversement. Il ne broncha pas d'ailleurs.

— Au moins m'as-tu bien remplacé? lui demanda Philothée.

— Ça, mon vieux, je t'en réponds !

Et il lui serra la main avec une componction touchante.

VII

LE VOYAGE DE CÉLESTE

— Savez-vous, ma chère Céleste, qu'en vous faisant passer pour ma femme, je m'expose vraiment beaucoup?

— Vous revenez là-dessus? Mon Dieu, Hippolyte, quelle pauvreté d'idées est la vôtre! Qui diable voulez-vous qui s'inquiète ici si nous sommes mariés ou non?

—Sans s'en inquiéter le moins du monde, quelqu'un de la connaissance de Mme Vésinard pourrait fort bien nous y rencontrer.

— Aux eaux de Champignol! aux eaux les plus inconnues du monde entier! Vraiment, monsieur Vésinard, vous baissez. Vous savez fort bien d'ailleurs que, dans cet hôtel collet-monté, on nous eût flanqués déjà à la porte si l'on s'était douté que je suis seulement votre maîtresse.

— Je ne te dis pas, mais...

— Pas de mais, Hippolyte. Dites donc plus simplement que vous ne me trouvez pas d'assez belles façons pour porter votre nom, que vous ne m'aimez plus, que vous me méprisez !

— Comment pourrais-tu penser tout ça quand je fais accroire à ma femme que je suis en tournée officielle, exprès pour faire en catimini ce petit voyage avec toi !

— Est-il possible de jeter toujours au nez d'une pauvre créature l'irrégularité de sa position !

— Voyons, ne te monte pas la tête !

— Ah ! tenez ! c'est lâche, Hippolyte, c'est bien lâche !

Et Mlle Céleste — en religion galante, sœur Léa de Nossenville — se mit à tordre ses jolis poignets sur ses yeux humides, dans la pose du plus charmant désespoir.

Pour la calmer, M. Hippolyte Vésinard, de son métier administrateur de plusieurs grandes sociétés financières, dut émettre quelques valeurs.

— C'est ainsi que se terminaient toutes les scènes entre ces tourtereaux. — Après quoi, il s'en fut, poste restante, chercher le courrier que lui expédiait son fidèle ami Cadet-Roussin.

« Mon cher Hippolyte, je me vois forcé de te
» donner un pénible avis. Mais j'ai la conviction
» que ta femme, que tu crois tranquille chez ses
» parents, court tout simplement la pretentaine
» en compagnie d'un galant.

» J'ai à ce sujet de précises indications. Que
» dois-je faire ?

» Ton tout dévoué,
» Cadet-Roussin. »

M. Vésinard devint positivement vert-pomme en lisant ce billet. Par une anomalie fréquente, M. Vésinard était aussi jaloux qu'infidèle. Autant il lui semblait naturel de faire lui-même une fugue, même prolongée, dans la société d'une drôlesse, autant il trouvait exorbitant, inouï, effroyable que sa femme se permît la moindre légèreté matrimoniale. Aussi, rentra-t-il à l'hôtel dans un indescriptible état, et décidé à retourner à Paris tout de suite pour vérifier incontinent la chose et sévir au besoin. Il pensa que Mlle Céleste ne pourrait que l'embarrasser dans cette occurrence, et prit la résolution de la laisser à Champignol, en lui annonçant son retour prochain. Contrairement à son attente, Mlle Céleste accepta avec une résignation parfaite. Certainement ce n'était pas amusant de rester dans un trou de province toute seule, mais il fallait se sacrifier quelquefois. Inutile d'ajouter que M. Vésinard ne lui donna pas le vrai motif de son départ. Il lui déclara que c'était un ministre de ses amis qui le mandait à la hâte, sans doute à propos de la préfecture qu'il avait sollicitée. Les adieux furent moins touchants que ceux de Fontainebleau, mais ils eurent cependant leur pointe de tendresse et de mélancolie !

— Bonne créature que cette Céleste ! pensa M. Vésinard. Mais ma femme ! Ah ! ma femme ! Trésor de perfidie !

Et il se frottait le front avec rage, comme s'il y sentait déjà le travail printanier des pousses conjugales.

Il eut bientôt vérifié l'exactitude des renseignements de Cadet-Roussin. Mme Vésinard avait pris de la poudre d'escampette avec un amoureux.

Son époux, qui avait de la dignité, jura qu'il ferait constater publiquement l'adultère et demanderait à la justice l'éclatante réparation qu'elle offre, en belle monnaie de ridicule, aux maris trompés. Cadet-Roussin, qui était très processif par tempérament, l'encouragea beaucoup dans cette ardeur procédurière. Mais où pincer les fugitifs? Une première semaine de recherches fut infructueuse. Mlle Céleste devait commencer à s'impatienter à Champignol. Mais M. Vésinard ne connaissait que sa vengeance. Sans plus s'occuper de la maîtresse qu'il avait plantée là, il poursuivit son projet. Il écrivit aux commissaires de police du monde entier. Ceux-ci lui répondirent par lettres imprimées, mais non affranchies. Il allait désespérer quand, un matin, Cadet-Roussin entra dans sa chambre avec un air de triomphe.

— Nous les tenons! fit-il.

— Juste ciel! Enfin! et où ça?

— Le procureur de la République d'Alençon, qui est de mes amis, me donne le renseignement le plus précis. Ta femme est à Alençon même avec un godelureau qui l'accompagne depuis quelque temps déjà. Ils viennent du Midi. Inutile d'ajouter que nous sommes sûrs d'avoir l'autorisation de faire constater le flagrant délit, ce que la magistrature française n'accorde qu'aux maris très protégés. Partons donc, mais mystérieusement, afin de ne pas donner l'éveil aux coupables.

— Partons ! dit M. Vésinard d'une voix terrible.

C'est Cadet-Roussin qui dirigea les choses. Son ami le procureur lui fit d'ailleurs la besogne facile. Une belle nuit, M. Vésinard, suivi de son fidèle Achate, accompagné d'un commissaire en écharpe, s'il vous plaît, s'en vint heurter doucement à l'huis d'un des premiers hôtels de la ville dont le point est justement renommé dans les fastes de la toilette. Introduit par le patron en personne que l'autorité avait prévenu, il fut conduit, par le même hôtelier, jusqu'à la porte d'un appartement où ce cri retentit :

« Ouvrez, au nom de la loi ! »

Le silence y répondit d'abord. Mais, M. le commissaire ayant menacé galamment de faire enfoncer la porte, un jeune homme se décida à ouvrir dans le plus simple des déshabillés.

— Votre nom ? lui demanda le commissaire.

— Madame Vésinard ! hurla M. Vésinard.

Le malheureux jeune homme était plus mort que vif.

— Ma...dame Vésinard !.., fit-il, perdant la tête, elle est là !

En le regardant de plus près, Hippolyte eut un soupçon terrible. Il avait vu cette tête-là à Champignol !...

— Grâce, monsieur Vésinard, grâce !

Et le godelureau s'était jeté aux pieds de l'époux outragé.

— Grâce ! continua-t-il, mais j'ai cru que vous aviez abandonné votre femme et je cherchais à lui donner un peu de distraction.

— Dis donc, Hippolyte, est-ce que tu te fiches de moi de nous faire ce ramage ?

Et Mlle Céleste, en peignoir et les cheveux sur les épaules, apparut à la fois railleuse et colère.

— Ce n'est pas ma femme ! exclama le malheureux Vésinard.

— Voilà une fort mauvaise plaisanterie, monsieur, riposta le commissaire de police qui n'aimait pas à se lever la nuit.

— Pas sa femme, pas sa femme ! grommela le godelureau un peu remis ; eh bien ! il a un joli toupet !

Et ce garçon était dans son droit de penser ainsi ; pourquoi M. Vésinard avait-il fait porter son nom à sa maîtresse ?

Le procureur de la République, qui était un bon enfant, calma le commissaire. On déjeuna ensemble le lendemain matin. Quand le *Journal officiel* arriva, il apporta une nouvelle bien inattendue. Vésinard, grâce aux démarches de son ami le ministre, était précisément nommé préfet de l'Orne. En même temps, Cadet-Roussin apprenait que Mme Vésinard avait réintégré le domicile de ses parents.

— Que faire ? dit Vésinard.

— Rien, si vous voulez m'en croire, lui répondit le magistrat qui était de bon conseil. Car vous ne pouvez pas faire qu'Alençon ne soit pas, depuis hier, votre domicile légal, et qu'une femme que vous faisiez passer pour la vôtre ne s'y soit trouvée avec vous. Si votre légitime épouse prenait un habile avocat, c'est vous qui seriez traîné dans la boue et payeriez tous les pots cassés du procès.

— Merci bien ! dit Vésinard.

— Poltron ! Moi j'aurais plaidé tout de même ! ajouta Cadet-Roussin, qui n'avait jamais peur de la boue pour les autres !

VIII

LA TERREUR DES CAMPAGNES

« Tout me porte à croire, monsieur le directeur
» général, qu'une seule et unique bête est l'auteur
» de tous ces ravages. Depuis celle du Gévaudan,
» on n'en pourrait citer aucune d'aussi redou-
» table. La terreur est telle, parmi les bergers,
» qu'ils en perdent la raison et ne s'aperçoivent
» même plus de leurs dommages. Ils continuent à
» jouer de leur flûte d'un air hébété, pendant que
» leurs troupeaux sont mis au pillage. Moi-même
» j'ignorerais les exploits de ce véritable monstre
» sans le nombre considérable d'ossements que
» je constate sur les chemins. Les routes qui
» mènent à la forêt sont littéralement pavées de
» pieds de moutons.

» Et c'est dans un pareil moment, monsieur le
» directeur général, au milieu d'une lutte entre

» un pareil fléau et l'administration d'un grand
» pays qu'on voudrait supprimer la lieutenance
» de louveterie de Saint-Agapet ! Les ennemis
» seuls du gouvernement, rares heureusement
» dans notre belle province, ont pu, par de men-
» songers rapports, vous inspirer un pareil projet.
» Je leur devais une réplique victorieuse, et
» j'espère que les faits que je viens d'avoir l'hon-
» neur de mettre sous vos yeux suffiront à les
» confondre. Pour moi, qui me suis juré de
» purger l'arrondissement de ce pernicieux ani-
» mal, que mon caractère officiel me soit conservé
» ou non, je ne faillirai pas à ma tâche. Les
» injustices elles-mêmes ne sauraient désarmer
» mon patriotisme. Je servirai la France malgré
» elle et malgré les envieux.

» J'ai l'honneur d'être, etc...
» Votre très humble serviteur,
» Baron Oscar des Lupins.

» Saint-Agapet, le...188... »

Telle était la fin de l'épître adressée à M. le directeur général des forêts par le baron ci-dessus, lieutenant de louveterie au lieu sus-désigné.

C'est qu'il avait, en effet, une lutte héroïque à soutenir, ce pauvre baron des Lupins. — Non pas contre une bête farouche des bois, — mais contre un simple notaire de chef-lieu de canton. M. Mistrol, — c'était le nom de cet officier ministériel, — lui en voulait implacablement, parce que Mlle des Lupins, la belle Élianthe, avait formellement refusé de l'épouser, lui Mistrol. Le fait est que, pour une fois qu'un notaire voulait faire un mariage d'amour, il était dur de ne pas le lui permettre. C'eût été un lustre de poésie jeté sur l'institution tout entière. Le Mistrol se sacrifiait évidemment. C'était, au fond, l'Iphigénie du notariat. Car Mlle des Lupins n'avait pas un sou de dot et vous ne me ferez pas accroire qu'un notaire dans son bon sens désire une femme uniquement parce qu'elle est belle à miracle, intelligente à ravir, douée de beaucoup d'esprit et de hanches incendiaires.

« Ça n'est pas dans la Nature », comme disait ce pauvre Courbet. Aussi Mistrol, furieux qu'on lui eût interdit l'héroïsme, avait-il juré de se venger. Il avait commencé par dénoncer le baron au sous-préfet de l'arrondissement comme réactionnaire. Mais M. le sous-préfet adorait le cuissot de sanglier, et comme des Lupins usait fort spirituellement du droit octroyé aux lieutenants de louveterie par ordonnance du 21 décembre 1844, de chasser à courre le sanglier deux fois le mois, il avait bien vite trouvé une riposte à cette attaque en gorgeant de cochon sauvage le représentant de l'administration française. Il était arrivé à s'en faire même trouver un peu avancé d'opinion.

Alors l'infâme Mistrol avait changé ses batteries.

Il avait dressé un document statistique qu'il avait fait signer par tous les notables du pays et d'où il résultait que, depuis 1857, on n'avait pas vu un seul loup à cent lieues carrées à la ronde. Alors, si pas de loup, pourquoi un lieutenant de louveterie ? Le député Foirasson, récemment nommé et qui avait à démentir par ses actions tout un programme, se saisit de la question avec plaisir pour détourner l'attention de ses mandataires et leur donner le change. Il fit une véritable philippique à cette occasion et occupa toute une séance de la Chambre sur cet utile débat de savoir si Saint-Agapet aurait ou non un lieutenant de louveterie. M. le ministre de l'agriculture, mis directement en cause, avait dû quitter toutes les commissions pour venir solennellement répondre, devant le pays anxieux, qu'il aviserait.

Des Lupins, qui n'était pas un imbécile, avait suivi, de loin, toutes ces menées. C'est pour les déjouer qu'il avait inventé l'existence d'un loup formidable, désolant toute la contrée, et que personne n'avait d'ailleurs vu. Lui aussi fit sa petite tournée d'illettrés et recueillit trois cents signatures ou croix de paysans et de bergers qui se plaignaient des mystérieux ravages de cette bête enragée ; ça lui coûta trois cents petits verres. Il organisa de bruyantes battues, dont la première ramena un lièvre et la seconde un hérisson. Mais de loup point ! Alors des Lupins, qui avait d'aimables talents de société, se mit à imiter la voix du loup le soir dans les campagnes. Il apprit à « aboyer » comme ces animaux et fit si bien, l'écho lui répondant, qu'il commença à croire lui-même au monstre qu'il avait inventé, comme il arrive souvent aux personnes d'imagination. Lui-même commença à s'étonner de ne jamais rencontrer ce loup étrange, et la peur le prenant vraiment de ce formidable ennemi, il aiguisa son couteau de chasse et chargea à balle son fusil.

— Ah! si moi ou quelqu'un digne de foi pouvait seulement le voir de loin, pensait-il, comme je confondrais ce sale Mistrol et sa bande!

Toute médaille a un revers. J'en sais même qui n'ont que des revers. Pendant qu'il sauvegardait sa situation avec un véritable génie, M. des Lupins veillait mal sur sa fille et il était le seul à ignorer, dans l'arrondissement, que M. le sous-préfet Guy Laridelle, lequel n'aimait pas seulement, paraît-il, les cuisses de sanglier, poussait tous les jours son cheval jusqu'au carrefour de la forêt où s'arrêtait aussi le poney de Mlle Elianthe. Jusque-là cependant je dois dire que le galant magistrat en avait été pour ses frais, ce qui ne l'avait pas empêché de mettre quelques amis de Paris au courant de sa bonne fortune. Ceux-ci avaient jaboté, à leur tour, dans les salons du ministère, si bien que toute l'administration des forêts, laquelle est fort considérable cependant, avait ouï parler des amourettes de M. le sous-préfet. Des paris étaient engagés sur la vertu de Mlle des Lupins et M. le directeur général lui-même, qui était un bon vivant, riait aux larmes en causant de la chose, fort curieux de savoir si, oui ou non, le jeune Guy-Laridelle était complètement heureux.

Or il advint qu'un jour la belle Elianthe succomba.

C'était un jour de printemps où tout était circonstance atténuante dans la nature, le parfum enivrant des feuilles nouvelles, la mollesse des gazons naissants, l'amoureuse chanson des oiseaux et le murmure plein de soupirs des sources. Ajoutez à cela une formelle promesse de mariage qui devait être tenue. Car mes histoires à moi sont morales comme les pièces de M. Sardou. On y arrive toujours au mariage... par le chemin des écoliers, voire même des polissons. Tout est heur et malheur ici-bas. Crac ! voici le père des Lupins, son fusil à balle sous le bras, qui débusque d'un fourré. M. le sous-préfet se cache derrière un chêne, mais le trouble d'Elianthe n'échappe pas aux regards du lieutenant de louveterie.

— Que t'est-il arrivé, ma fille ? demande-t-il avec angoisse à la rougissante enfant.

Mais elle, perdant la tête, ne sachant plus ce qu'elle dit, balbutie :

— Papa !... le loup !

— Dieu soit béni ! s'écrie le lieutenant, et, sans en entendre davantage, il s'élance dans la direction de sa maison.

Le soir même, à un grand dîner, ma foi, M. le directeur général lisait avec stupéfaction cette dépêche stupéfiante en effet :

« Ma fille a vu le loup. Informez le Parlement,
» Respects.

» *Signé* : Baron des Lupins. »

IX

C'ÉTAIT LORIOT!

La chose se passait, il y a trois jours, dans la rue...Attendez donc ! dans la rue... Allons ! bon! voilà que le nom de la rue m'échappe ! On les change si souvent depuis quelque temps ! Mais justement le nom de cette rue-là, on ne l'avait pas changé. Bref, il m'est sorti de la mémoire. Mais il y reviendra. Ils y reviennent toujours ! Je vous le dirai à la fin, voilà tout. Ça fait que vous, vous l'oublierez moins vite.

Ce qu'il y a de certain, c'est qu'au numéro...de cette rue, mettons le numéro X... — ce n'est pas absolument précis, mais je préciserai plus tard — demeurait M. Anselme Vessencœur, occupant un appartement sis sur le devant, au rez-de-chaussée, tandis qu'au troisième, l'appartement correspondant et identiquement orienté avait pour locataire

M. Loriot. Ce qui est encore hors de doute, même pour un homme manquant de mémoire aussi prodigieusement que moi, c'est que les deux voisins exerçaient des professions différentes, M. Vessencœur étant occupé tout le jour à chicaner de pauvres diables sur le prix de leurs hardes au Mont-de-Piété, et M. Loriot consacrait une nuit sur deux, ses loisirs utiles au bon ordre du poste de police dont il était brigadier. Ces deux messieurs se rencontraient volontiers et les deux dames voisinaient. Peu de gens, d'ailleurs, se disputaient autant que Vessencœur et Loriot dès qu'ils étaient en présence l'un de l'autre. Le premier était philanthrope et rêvait une banque de prêts qui aurait dispensé les malheureux de tout travail en leur assurant un certain bien-être. Rien n'eût été à personne, et le gouvernement, propriétaire de tout, eût tout sous-loué à ses sujets. On eût obtenu ainsi le plus fort budget de l'Europe entière. Le second était autoritaire et pour le régime du sabre. Il voulait une société uniquement composée de gens riches, tous sous les drapeaux. Le pouvoir fonctionnerait ainsi militairement à l'ombre d'une gigantesque salle de police. Sur tous les autres ordres d'idées, ils étaient aussi peu d'accord. Loriot croyait à la vertu des femmes et particulièrement de la sienne. Vessencœur, qui avait beaucoup lu Balzac, était d'un scepticisme dégoûtant.

Ce soir-là, précisément, ce sujet avait été remis sur le tapis où quelques bouteilles de vin blanc susurraient autour d'une tranche de galantine. Vessencœur avait, je dois le dire, bu beaucoup plus qu'il ne convient, et tenu, sur la confiance due à la plus belle moitié du genre humain par l'autre, des propos particulièrement cyniques. Toutes catins! avait-il dit, à fort peu près, en meurtrissant la table de frénétiques coups de poing. Loriot l'avait traité d'athée, Mme Loriot de malotru et Mme Vessencœur, particulièrement révoltée, avait lfailli se trouver mal de colère. Le pis est que cela était un jeu chez cet animal, et qu'il y avait infiniment de pose dans la hardiesse de ses discours. Car, au fond, il était jaloux autant et plus qu'un autre, et eût été furieux d'être cocu. Une telle indignation se déchaîna contre lui qu'il dut battre en retraite. C'était d'ailleurs le moment où Loriot, de garde ce soir-là, allait partir. On se sépara froidement.

— As-tu entendu, ma petite loutre, dit Loriot à sa femme en lui pinçant la taille dans l'escalier, ce que ce polisson a donné à entendre de ta fidélité?

— O Fortuné, ceux qui ne croient pas à la vertu de leur compagne sont plus à plaindre qu'à blâmer, avait répondu la femme du brigadier avec un angélique sourire.

Et deux gros baisers avaient sonné dans le silence de la maison où tout était éteint déjà.

Au-dessous de cette paix conjugale grondait cependant un orage. Mme Vessencœur, toujours exaspérée, en disait de grises à son époux, qui, complètement pochard, se promenait par la chambre en grommelant un tas de propos incohérents.

— Je vais m'en aller si on m'embête! avait-il fini par dire par forme de conclusion et entre deux hoquets.

— Prosper, si vous sortez d'ici, vous y trouverez un homme en rentrant! avait répliqué madame, absolument hors d'elle.

Alors, comme tous les ivrognes qu'on défie, Vessencœur avait cherché son chapeau et, tout en battant les murailles, avait pris de la poudre d'escampette.

Il y avait trois heures environ qu'il se promenait par les rues et la fraîcheur de la nuit avait rendu quelque lucidité à ses idées quand il songea à rentrer chez lui, après avoir longtemps tenu à la lune des discours si inconvenants que celle-ci avait été, à plusieurs reprises, obligée de se cacher derrière les nuages. Il reprit donc le chemin de son domicile et se trouva bientôt devant, à n'en pas douter. Mais il eut beau y tâter le mur, dans toute sa longueur, la lune ayant complètement disparu, il lui fut impossible d'en trouver la porte.

— Suis-je encore assez gris! s'était-il dit pour se consoler.

Par exemple, il retrouvait fort bien la fenêtre de sa chambre. Après tout, c'était l'essentiel. Il passerait par la croisée. Justement, et à cause de la chaleur de la saison, celle-ci était entr'ouverte. Il se dit que faire du vacarme serait bien sot, et que le mieux était de se blottir en tapinois auprès de Mme Vessencœur, sans réveiller, comme on dit, le chat qui dort. Aussi poussa-t-il bien doucement les deux battants vitrés, et, sans allumer la moindre bougie, se mit-il en devoir de se glisser silencieusement entre les draps.

Mais il n'y eut pas mis une jambe qu'un double cri y retentit, — un cri d'homme faisant une basse terrible à un cri de femme suraigu. En même temps, un soufflet énorme le jeta lui-même à terre. Mais il se releva vite, mû par une idée exaspérante. Ainsi Mme Vessencœur avait mis sa menace à exécution ! Pendant que les coupables se cognaient à tire-larigot dans l'obscurité de la chambre, Vessencœur, qui se rappelait la place de la fenêtre, sauta de nouveau dans la rue, appela un sergent de ville qui passait dans l'encoignure, et, le posant avec autorité en sentinelle devant la croisée afin que personne ne pût sortir, il se mit à courir comme un fou dans la direction du poste de police. La lune, qui reparaissait en ce moment, dut sourire en s'apercevant, sur terre, une petite sœur en train de jouer à cache-cache sous le petit nuage blanc d'une chemise. Car le pauvre

Vessencœur n'avait pas pris le temps, bien entendu, de remettre sa culotte. Un tas de méchants chiens en profitèrent pour lui happer le derrière au passage avec leurs dents, mais il ne daigna pas même se retourner pour leur allonger des coups de pied.

Loriot faisait tranquillement un besigue quand il arriva tout essouflé au poste.

— Vite! vite! venez! venez! mon voisin, avait dit Vessencœur en haletant. Un malfaiteur est enfermé chez moi, un larron d'honneur qui était couché avec ma femme.

— Allons donc! Eh bien, compère, vous l'avez joliment bien mérité.

— Dites plutôt que je l'avais joliment prévu. Qu'en dites-vous maintenant de la vertu de ces dames?

— Je dis qu'elles trompent ceux qui ne croient pas en elles et qu'elles ont raison. Ce n'est pas à moi que cela arriverait.

— Venez tout de même, je vous prie, constater le fait et arrêter le drôle.

— J'y vais parce que c'est mon devoir, mais pas du tout pour vous être agréable.

Et Loriot, qui tenait un cinq cents dans la main et était furieux de ne pas pouvoir le jouer, ayant pris deux hommes avec lui, se mit en route sous une belle éclaircie nocturne qui semblait semer les rues d'une poussière d'argent.

Mais lui aussi, arrivé devant la maison, ne put en trouver la porte.

— Faites comme moi, passez par la croisée, lui dit Vessencœur dont les narines soufflaient la vengeance.

Loriot cria : « Au nom de la loi ! » et, sa lanterne à la main, une lanterne sourde, comme celle des policemen et dont il tourna la lumière vers l'intérieur de la chambre, il enjamba résolument.

— Grâce ! grâce !

Et une femme se jeta à ses genoux.

Mais lui laissa choir sa lanterne, tant fut grand et rapide son ahurissement.

— Sang et tonnerre ! cria-t-il d'une voix qui semblait un rugissement de fauve.

Vessencœur, qui avait sauté en même temps que lui dans la pièce et avait profité de la fusée de lumière qui l'avait traversée, éclata au contraire de rire, mais du rire d'un homme dont la tête déménage à force de surprise.

Jugez donc ! c'était chez Loriot lui-même qu'on se trouvait, dans la propre chambre dudit Loriot, et c'était la femme de Loriot qui... Franchement, il y avait de quoi s'en donner un effort à la rate !

Au même instant, une patrouille nombreuse, conduite par un officier de paix, débouchait dans la rue au pas de course.

— Du calme ! Mais quittez tous vos maisons, la rue entière va s'effondrer ! disait l'officier de paix.

Dans ce simple avis était toute l'explication du mystère.

Pendant que Vessencœur avait fait sa petite promenade sentimentale, la maison qu'il occupait, sise dans la partie menacée de Montmartre, aux environs du Sacré-Cœur, s'était doucement enfoncée dans le sol de deux étages, de façon que le troisième était devenu le rez-de-chaussée. Ce mouvement de descente s'était d'ailleurs accompli graduellement et sans secousse, d'une façon si agréable qu'aucun locataire n'en avait été réveillé.

Ah ! le nom de la rue me revient maintenant...
C'était la rue Lamarck... Mais le numéro m'échappe encore. Ça ne vous fait rien, n'est-ce pas ?
Qu'il vous suffise d'apprendre que Loriot, l'avocat convaincu de la vertu des femmes, est décidé à divorcer aussitôt que le lui permettra la loi.

X

LE FIACRE

Sur la grande place plantée de platanes et au centre de laquelle une façon de pavillon attend la musique militaire dominicale, toujours à la même place, sous la pluie battante ou sous le soleil torride, le fiacre est à son poste, constamment attelé du même cheval mélancolique. Je dis « le fiacre » parce que l'entrepreneur audacieux, qui avait conçu l'idée de doter la petite ville de X... d'un service de citadines, l'avait commencé par l'institution d'une voiture unique et le continuait ainsi depuis six ans. Ce n'était pas que les encouragements de la municipalité reconnaissante lui eussent manqué Celle-ci avait été jusqu'à faire élever, à ses frais, en face de la nouvelle voiture un kiosque portant aux quatre angles cette ambitieuse inscription : Tête de ligne.

Ah! ç'avait été une fière révolution dans la

tranquille cité que l'introduction d' « une mœurs parisienne », comme avait dit le notaire Pécouli qui avait fait, comme un autre, son droit à l'ancien Prado.

— Ce Ventéjoul est fou ! avait objecté le président Peyrolade en parlant du téméraire voiturier qui avait ainsi tenté de pervertir sa patrie.

— Zéphyrin, ou Barnabé, ou Papoul, mon petit cœur, disaient toutes les mères aux jeunes garçons si tu es bien sage, tu iras dimanche dans le fiacre !

Mais il paraît que ni Zéphyrin, ni Barnabé, ni Papoul n'étaient sages une semaine entière. Car, le dimanche venu, le triste véhicule ne bougeait pas plus que de coutume, et les airs joyeux de la fanfare contrastaient avec sa mine de plus en plus désolée.

Un jour cependant, M. Ventéjoul avait eu une souleur.

Le fils de M. Cassemajou, le maire, allait épouser la fille de M. du Toupet, le conseiller général, et il avait été gravement question d'emprunter le fiacre pour ajouter à la solennité de la cérémonie.

M. Cassemajou était même venu en conférer avec M. Ventéjoul et lui dire : « Nous donnons l'exemple et nous le faisons tomber de haut ; mais sapristi ! ne nous prenez pas trop cher. »

— Ce sera le prix que vous voudrez ! Rien si vous voulez, monsieur le maire ! avait répondu M. Ventéjoul au comble de la joie.

— Soit ! avait répliqué M. Cassemajou, je ne marchande jamais. Pourboire du cocher compris, bien entendu ?

Quand il fut parti, M. Ventéjoul s'écria, en se frottant les mains :

— Je savais bien qu'ils y viendraient !

Il disait ça un jeudi et la noce devait avoir lieu le samedi.

Le lendemain ils arrivaient, lui venant de Paris et elle de Marseille. Qui ça ? Tiens, pardi, les amoureux ! Ils avaient longtemps calculé avant d'élire la petite ville pour lieu de rendez-vous ! Elle avait juste, devant elle, quelques heures volées à son mari, et lui devait avoir rejoint son régiment le dimanche soir, dans le Nord, au diable ! Ils arrivaient assoiffés de tendresse et faillirent tomber en pâmoison de joie en se retrouvant dans le buffet de la gare en face l'un de l'autre.

Ils avaient choisi l'endroit sur la carte et sur l'indicateur, sans le connaître, d'ailleurs, le moins du monde autrement que par son nom et sa position géographique. Un voyou qui mendiait à la station leur offrit de les conduire au meilleur hôtel, l'hôtel du Grand-Cerf. Mais quand ils y parvinrent, Mme Dodelard, vénérable hôtesse de ce lieu, les toisa sous ses lunettes.

— Vous avez des bagages ? finit-elle par leur demander lentement.

Ils montrèrent le petit sac qu'il portait en bandoulière et le châle en crêpe de Chine qu'elle tenait à la main, enroulé dans une courroie.

— Et vous êtes ici pour longtemps?
— Pour quelques heures.
— Nous n'avons plus de chambre, conclut-elle avec sévérité, et elle invita du geste Mlle Apolline, sa première lingère, à expédier les deux intrus sans traîner, comme on dit là-bas.

Toujours précédés du voyou qui était resté à la porte, se doutant bien sans doute de ce qui allait arriver, ils reçurent un accueil également sympathique à l'*Écu de France,* à l'*Hôtel du Dauphin,* à l'*Hôtel de l'Europe,* et même à l'auberge du *Coq flambant.* Dame ! c'est une ville qui ne badine pas avec la morale, que la petite ville de X...!

Ayant congédié leur cicérone avec un écu neuf de cinq francs dans ses mains sales, ils marchaient à l'aventure, désespérés et pareils à nos grands-parents chassés du Paradis terrestre, à cette différence près, qu'ayant d'en être mis à la porte, nos grands-parents avaient quelque peu profité du Paradis, quand le hasard... ou la Providence (c'est au choix des croyances) les amena sur la grande place plantée de platanes et au centre de laquelle une façon de pavillon attend la musique dominicale. Le fiacre était là à son coin, fidèlement attelé à son cheval mélancolique. Le cocher dormait et il faillit tomber de son siège tant il fut ahuri en voyant deux êtres humains entrer dans sa voiture, dont le marchepied rouillé cria comme une girouette en s'abaissant.

— Monsieur avait bien raison de dire qu'ils y viendraient! pensait-il. Et il ajouta :

— Où faut-il conduire monsieur et madame ?

— Où vous voudrez, mon ami, avait répondu monsieur.

— Je vais les mener acheter du tabac. J'en ai besoin, s'était immédiatement dit l'automédon.

Et il fouetta son cheval, qui, non moins étonné que lui, partit en se demandant ce que c'était que cette mauvaise plaisanterie-là.

Laissons-les s'arrêter d'abord au bureau de la régie, puis faire quelques courses dans les villages voisins où le cocher avait des amis. Aussi bien, nous les gênerions de notre compagnie et mériterions qu'on nous en fît un jour autant. Ah ! ah ! mon gaillard de lecteur, tu voudrais bien des détails palpitants sur leur promenade. Mais je te connais. Si le jury auquel j'ai droit, comme le premier voleur venu, m'envoyait ensuite dans quelque obscur cachot, tu resterais à te promener sur le boulevard, gros égoïste ! Tu viendrais fumer sous les barreaux de ma prison, animal ! Tu ne sauras rien de plus que ce que tu imagineras toi-même. D'ailleurs, c'est sur la grande place qu'est le spectacle maintenant.

Quel émoi, mes petits capucins !

La ville tout entière est descendue sous les platanes et autour de l'harmonieux pavillon.

L'absence du fiacre à son poste avait été signalée quelques instants après son départ. On avait d'abord pensé que M. Ventéjoul avait eu un coup de sang, et on s'était transporté à son domicile. Lui-même n'avait pas été moins surpris que ses concitoyens à la nouvelle de cet événement. Puis ç'avait été chez lui une explosion de joie, un triomphe enfantin ! Papin n'avait pas été plus fier après l'explosion de sa première marmite.

— Ils y sont venus ! criait-il, ils y sont venus ! *E pur si muove ! E pur si muove !*

Mais la foule, qui ne se paye pas de mots, même italiens, entend connaître la vérité sur la disparition d'une voiture qui a coûté gros à la municipalité. Elle attend, anxieuse et fourmillante, autour de la « tête de ligne ».

— Par ici ! Par ici !

Elle se rue comme un torrent dans la direction où les cris ont été entendus. Le fiacre passe, en effet. Il va dans la direction du chemin de fer. La population emboîte derrière lui un pas de course, et arrive en même temps que lui à la gare. Monsieur en descend le premier pour tendre la main à Madame, qui saute presque dans ses bras. Ils disparaissent dans les salles d'attente.

Un sourd murmure les y suit.

Mais voilà qui leur est bien égal !

Le lendemain, M. Cassemajou écrivait à M. Ventéjoul une lettre un peu salée. Des fiancés du meilleur monde monter dans ce sapin déshonoré ! Allons donc ! le surlendemain la municipalité fit retirer le kiosque. Le pauvre fiacre fut montré au doigt et les gens quittaient le trottoir pour ne pas passer trop près et être soupçonnés d'y vouloir grimper. Mais M. Ventéjoul s'entêtait.

Et cela dura jusqu'à ce que le cheval mourût de vieillesse.

Quant à la voiture, ah ! voyez un peu comme les gens épris sont fous ! Lui, l'amoureux, ayant repassé par là, l'acheta en souvenir de sa promenade avec l'aimée. Et voilà comment une berline démodée, une risible citadine, un fiacre antédiluvien figure encore à une place d'honneur dans la remise d'un de nos plus élégants sportsmen, le comte de Z..., aujourd'hui colonel de hussards

Et je ne trouve pas cela si ridicule!

Comme dit, à fort peu près, un vers du charmant poète François Coppée.

XI

CASCAMILLE ET PÉCOULI

— Allons bon ! Cascamille, encore la figure bouleversée !

— Cette fois-ci, Pécouli, j'ai une preuve !

— Cette lettre que tu froisses avec fureur ? Tu ne l'as pas lue au moins ?

— Non ! J'ai redouté mon premier mouvement de colère, et comme tu me l'avais recommandé, je suis venu te trouver avant tout.

— Tu as bien fait, pécaïre ! Mais conte-moi d'abord comment tu as été conduit à surprendre cette missive ? Athanase devenait donc plus pressant ?

— Sans en avoir l'air, suivant ton conseil, je les surveillais de près, lui et elle, Athanase et ma perfide Olympia ! Je le voyais rôder autour de ma femme et je comprenais à merveille que celle-ci feignait, tout au plus pour la forme, de l'éviter.

— C'est dans l'ordre des choses.

— Je te remercie bien, mais je ne veux pas de cet ordre-là. Aussi j'ai fait meilleure garde et je me suis bien vite assuré qu'ils correspondaient. Mon galant allait, tous les jours, vers midi, déposer son épître dans le creux d'une yeuse qui sépare mon jardin du sien, et, vers quatre heures, Olympia, sans avoir l'air de rien, descendait comme pour prendre l'air dans mon parterre et la venait recueillir...Mais aujourd'hui je l'ai pincée, l'épître fatale! Je la tiens! elle est là. Je vais les confondre, l'épouse adultère et l'infidèle ami!

— As-tu confiance en moi, Cascamille?

— En pourrais-tu douter, Pécouli, après la démarche que je fais auprès de toi?

— Eh bien, va tout simplement remettre la lettre à sa place.

— Troun de l'air ! Te moques-tu de moi?

— D'abord, Cascamille, tu n'as que ce que tu mérites!

— Par exemple.

— Tu n'as jamais compris le vrai rôle du mari dans le ménage.

— Il en est un que je me refuse à jouer.

— Et c'est précisément au-devant de celui-là que tu cours! Parions que depuis que tu as remarqué le goût d'Athanase pour ta femme et le penchant d'Olympia pour ton ami, tu as tout fait au monde pour qu'ils se voient le moins possible.

— Tiens ! parbleu.

— Tu as accumulé les obstacles entre eux, tu leur as laissé voir ta mauvaise humeur, quand tu les surprenais ensemble? Autant de fautes, mon bon ! Autant de pas que tu faisais toi-même au-devant du malheur que tu veux éviter. Combien ma méthode est meilleure et que tu eusses mieux fait de l'étudier !

— On ne se refait pas, Pécouli.

— Non ! mais on peut devenir sage à tout âge. Je ne t'apprendrai pas qu'avant de s'adresser à ta femme, Athanase avait beaucoup songé à la mienne. Tu t'aperçois toi-même aujourd'hui qu'il a renoncé aux faveurs de Céleste. T'es-tu demandé pourquoi seulement? Sans rien dire d'offensant pour Olympia, je puis constater que Céleste peut lui être comparée sans désavantage. C'est une appétissante créature que ma moitié As-tu vu la gorge de Céleste ?

— Jamais !

— Tu me surprends Eh ! bien, mon bon, je vais te rappeler comment je me suis comporté en cette occurrence.

— En homme fort au-dessus de ces misères-là, Pécouli.

— Tu l'as dit, Cascamille. Dès le début, Athanase prenait mille précautions pour que je ne m'aperçusse pas de ses attentions pour ma femme. Il choisissait les coins et l'ombre pour rapprocher sournoisement sa jambe de celle de Mme Pécouli. Tu connais la jambe de Céleste ?

— Non pas, je te le jure.

— Tu me surprends ! Je le mis bien vite à son aise en lui disant un beau soir, avec un air de bonhomie qui le fit trembler : « Vous avez l'air, mon garçon, d'être amoureux de ma femme. Ne vous gênez pas pour moi ! Ça m'est parfaitement égal. » Si tu avais vu la mine ahurie qu'il fit, après cette déclaration de principes, tu n'aurais pas pu t'empêcher de rire. Il fut deux jours sans pouvoir reprendre une contenance.

— Oui, mais après ?

— Après! je les accablai, elle et lui, d'une confiance tellement extravagante qu'ils ne savaient plus qu'en penser! Te rappelles-tu le voyage de trois jours que je fis en les laissant seuls ensemble à la maison?

— Parfaitement. J'avoue, Pécouli, que je te croyais aveugle et que, n'était la crainte de te porter un coup, je t'aurais dissuadé de ce départ.

— Enfantasse que tu es! Quand je revins, ils avaient l'air d'avoir fait chacun vingt-cinq lieues à pied, tant ils étaient défaits. — Bon! me dis-je, Pécouli, tu as frappé juste! Ils n'auraient pas pu supporter un jour de plus la situation.

— Crois-tu, Pécouli?

— Je le crois, innocent Cascamille! Mais que crois-tu qu'ils se soient dit pendant ce temps-là?

— Je ne sais pas et je n'ose chercher à le deviner.

— Tu as raison. Car c'est terrible. Eh bien, je vais te l'apprendre. Ils se sont dit : Cet homme qui s'en va a dressé quelque piège infernal pour nous surprendre. Il souriait trop pour ne pas avoir conçu quelque effroyable dessein. Il plane sur nous comme l'aigle (entends-tu, Cascamille?), comme l'aigle au-dessus de sa proie. Un moment d'oubli et il s'abat sur notre rapide bonheur, les serres ouvertes, prêt à déchirer nos cœurs. Voilà ce que je lus, dans leurs regards, en rentrant chez moi, aussi clairement que dans mon journal.

— Cependant... ?

— Cependant la leçon n'avait pas été, paraît-il, suffisante. Alors je m'installai entre eux, j'affectai des façons complaisantes qui leur donnaient la chair de poule. J'avais toujours l'air de leur dire : Je ne vous gêne pas au moins ? J'étais toujours là, mais j'avais toujours l'air prêt à sortir. Au bout d'un mois de ce régime, ils étaient vaincus. Athanase me cherchait une querelle d'Allemand pour avoir l'occasion de faire une retraite honorable, et Céleste me témoignait sa joie d'une façon muette, mais évidente, d'en être débarrassée. Voilà comment on sauve son honneur, mon Petchoun, quand on est un homme vraiment fort !

— Il est vrai, Pécouli, tu as ainsi débarrassé ton horizon de cet animal d'Athanase et je commence à penser que ta manière est la bonne.

— Allons donc ! tu y viens, pécaïré ! Que je me plais à te voir aussi raisonnable ! Tu remettras la lettre à sa place dans le creux de l'arbre ?

— C'est que pourtant...

— Si tu ne le fais, tu es un sot et je ne te revois de ma vie.

— Eh bien, alors...

— Tu veux la lire auparavant ? Eh bien, vois si je suis bonasse ! je te le permets. Lis-la, mon pauvre Cascamille, tu la remettras après bien proprement dans son enveloppe. Lis-la pendant que je bourre ma bonne petite pipe en terre rouge.

Et Cascamille, tremblant, brisa le cachet avec mille précautions et lut :

Il lut ce qui suit :

« Ma Céleste adorée, quelle idée exquise tu as eue de me brouiller avec ton imbécile de mari et de charger cette excellente Olympia de te faire passer mes lettres ! Seulement fais-le avec prudence ; car Cascamille pourrait s'y tromper et devenir jaloux. Je ne saurais te dire combien cette vie à trois me pesait ! Ce Pécouli avait toujours le nez fourré dans nos affaires. Son manque de dignité m'inspirait d'ailleurs le plus profond dégoût... Nous avions l'air, ma parole, de nous aimer par autorité de justice... conjugale. Maintenant, grâce au dévouement de ton amie... »

Cascamille s'arrêta.

Il avait pris positivement l'air radieux, à mesure qu'il avait lu ; l'air radieux et même un peu narquois. Pécouli le suivait des yeux avec un large sourire plein de bonhomie.

— Eh bien, enfantasse, lui dit-il, me jures-tu maintenant d'aller remettre l'épître à sa place ?

— Ça, je t'en réponds, Pécouli.

Et Cascamille, joyeux, prit sa course, tandis que l'homme fort disait, en se frottant les mains :

— La confiance ! la confiance ! il n'y a que ça !

XI

LA BERGÈRE PARISE

Un atelier comme tous les autres, celui du peintre Anténor Korigan ; un de ces ateliers sans nombre qui font des hauteurs de Batignolles le mont Aventin de la peinture contemporaine. Vous le voyez d'ici avec sa large fenêtre donnant sur le boulevard extérieur et le long de laquelle les moineaux frileux viennent s'abattre en hiver avec de mélancoliques petits cris. Puis, au dedans, le bahut traditionnel de vieux chêne portant des japoneries ; des esquisses pendues aux murailles et des statuettes de plâtre dont la poussière dénature les ombres. Une seule particularité : la grande pièce est extérieurement longée par un petit escalier raide atteignant, à la moitié de sa hauteur, un couloir étroit qui prend jour sur l'escalier par des lucarnes. Ces lucarnes, d'un aspect médiocrement décoratif, sont voilées et dissimulées d'ailleurs par une tapisserie flottante dont les guirlandes flétries pendent au-dessus de scènes mythologiques et de bergeries.

Sans posséder un talent consacré, Anténor Korigan avait acquis, comme peintre de nu, une certaine notoriété parmi ses camarades. Il excellait, en effet, dans l'interprétation difficile des chairs féminines, de celles dont le vieux poète Villon a dit :

> Corps féminin qui tant est tendre,
> Polly, souëf et pretieulx !

Notre jeune école est assez infidèle à ce thème éternel du grand art, chez tous les peuples civilisés. Henner est seul aujourd'hui à posséder les traditions sévères et charmantes à la fois du Corrège. C'est tant pis pour les autres, dont l'œuvre vivra moins longtemps que le sien, ne portant pas ce sceau de la beauté immortelle dont l'image de la femme est restée l'ineffaçable empreinte à travers les temps. Tout en manquant prodigieusement du génie qui fait de Henner un des plus grands peintres de ce siècle, Anténor avait, du moins, pour lui, d'avoir compris la noblesse de cette étude et combien elle dépasse, même dans ses défaillances, les plus heureuses fantaisies de la mode. On lui savait gré, au fond, de cette ambition et, aux expositions précédentes, ses grandes figures de femmes avaient obtenu un succès d'estime chez tous ceux qui aiment vraiment la peinture, c'est-à-dire qui détestent celle de M. Cabanel.

Aussi la surprise de son ami Valentin Troisminet ne fut-elle pas médiocre quand, il y a près d'un an, ma foi, Korigan lui montra le tableau qu'il destinait au Salon de 1881, tableau fort avancé déjà, les deux amis étant restés longtemps sans se voir ; non pas que le moindre froid se fût glissé dans leur vieille intimité, mais parce que Anténor ayant pris femme au précédent printemps, Valentin avait jugé de bon goût de ne pas venir danser des polkas à travers sa lune de miel.

— Quel diable de sujet amphigourique as-tu choisi là ! demanda-t-il avec une franchise mécontente à son camarade.

— Je t'expliquerai mon idée tout à l'heure... ou plutôt l'idée de Mme Korigan.

— Comment ! une seule figure de femme et encore aux trois quarts vêtue !

— Ça, mon ami, c'est encore à cause de Guillemine. Quand tu la connaîtras, quand tu sauras de quelles délicatesses exquises est faite l'âme de Mme Korigan, tu reconnaîtras que je ne pouvais moins faire que de lui accorder ce qu'elle réclamait de mon amour. Ma femme est jalouse, mon ami, horriblement jalouse. L'idée que je m'enfermais durant des heures avec des créatures d'un sexe différent du mien et vêtues de leur seule pudeur, ce qui, tu l'avoueras, est un habit bien léger, la torturait et la froissait. J'ai donc fait cette figure d'après un mannequin drapé, et quant à la tête... Comment la trouves-tu, au fait, la tête ?

— Mais fort agréable, ma foi ! Une tête de gaillarde qui me revient tout à fait. En voilà une à qui...

— Ne dis pas de bêtise, mon ami, c'est le portrait de Guillemine.

— Mes compliments. Et ces trois pompiers qui, en revanche, ont pour toute parure leur casque et leur baudrier.

— Encore une idée de ma femme qui a désiré

que ces trois personnages fussent *in naturalibus*, comme disent les professeurs. Oh ! elle ne veut pas que je renonce à l'étude du nu ! Au contraire. Seulement, comme elle ne me permet que les modèles-hommes, j'ai dû modifier la nature de mes compositions.

— Et tu n'as pas protesté contre cette absurde tyrannie ?

— Si, d'abord. J'ai dit, entre autres choses à Guillemine, que les modèles n'avaient pas de sexe, ce qui l'a énormément divertie. Seulement j'ai dû capituler pour avoir la paix chez moi.

— Et tout cela représente ? continua Valentin Troisminet.

— *La Beauté accordant la palme du mérite à la Vaillance sur l'Adresse et le Raisonnement.*

— Heureux sujet et tout à fait pictural. Je ne serais pas surpris qu'il eût déjà été proposé aux candidats pour le concours au prix de Rome. C'est une trouvaille. Une médaille assurée. Alors ce gaillard musclé comme Hercule à qui ta femme passe un laurier, c'est la Vaillance ?

— Comme tu dis, Valentin. Le plus mince qui

est derrière et à qui j'ai donné la physionomie fine d'un joueur de bilboquet, c'est l'Adresse. Le troisième, qui a l'air sérieux et qui ressemble vaguement à M. Léon Say, c'est le Raisonnement. Ah! je t'avoue que moi, après m'être embarqué dans cette allégorie, j'étais fort embarrassé pour savoir à qui je devais faire décerner la branche verte. C'est Mme Korigan qui m'a tiré d'affaire en me disant qu'il n'y avait pas à hésiter.

— Dis donc, mais?... C'est peut-être indiscret l'idée qui me vient. Est-ce que tu fais poser ta femme dans cet ensemble?

— Es-tu fou? Mais la pudeur de Guillemine est telle qu'en été, elle évite les quais à cause des établissements de bains froids et qu'elle me force à porter jour et nuit des caleçons. Je me sers pour cette figure d'une photographie d'elle, et puis n'ai-je pas mieux que cela?... ses traits charmants à jamais gravés dans mon âme.

Et Korigan prit un air sentimental tout à fait ridicule.

Au même moment, un coup était frappé à la porte et trois bonshommes qui ne semblaient pas habillés par Dusautoy précisément, mais qui sentaient affreusement la vieille pipe, entrèrent en soulevant qui sa casquette luisante, qui son chapeau mou, qui sa calotte crasseuse.

— Voici l'heure de la séance, dit Anténor à Valentin ; quand te reverrai-je ?

— Bientôt, dit celui-ci en le contemplant avec une compassion douce. Et il se retira. Mais, en passant sous le petit escalier dont j'ai parlé, il lui sembla entendre dans le couloir auquel il menait et qui avait vue sur l'escalier un frôlement furtif de jupes de soie et un bruit de pas légers.

Je dois dire qu'au Salon la foule ne se passionna guère pour le tableau d'Anténor Korigan. En vain le jury l'avait précieusement posé sur la cimaise, parce qu'il n'était pas de nature à nuire aux envois de ses propres membres. Car soyez convaincus qu'au fond le jury ne pense pas à autre chose. Un jour Valentin était, à peu près seul, arrêté et mélancolique devant la toile de son ami, quand un homme superbe, mais mal mis, donnant le bras à un sous-officier qui semblait guilleret, vint s'installer, « en contemplation véhémente, » comme dit Rabelais, à deux pas de lui. Un coup d'œil de côté lui suffit pour reconnaître immédiatement la Vaillance en chair et en os, telle que Korigan l'avait picturalement symbolisée.

— Nom d'un chien, dit le sous-officier, es-tu assez bien attrapé !

— En effet, répondit le modèle avec une fausse modestie, c'est assez moi, de la tête aux pieds, sinon que je suis encore mieux que ça.

— Et c'est la bourgeoise dont tu m'as parlé qui te donne cette herbe ?

— La bourgeoise du peintre, oui.

— Une luronne, hein ?

— Je t'en réponds. Il paraît que, pendant que nous posions, Larifla, Bibi et moi, comme trois sans-culottes, elle avait établi dans les combles de l'atelier un petit observatoire d'où elle nous voyait sans être vue et sans que son crétin de mari pût s'en douter.

— Voyez-vous ça !

— C'est en se livrant à cet exercice qu'elle m'a distingué. Je t'ai conté le reste. J'en ai déjà assez. Car, vois-tu, Rognepet, les femmes du monde, c'est bon pour un moment. Ça se croit plus que les autres parce que c'est honnête. Je ne dis pas non, mais les bons enfants n'aiment pas les manières. Toujours à l'étiquette, c'est fatigant.

J'ai surtout vu là-dedans mon intérêt. Si tu savais ce que Bibi et Larifla ragent d'être en second sur cette toile! C'est que, vois-tu, moi, je suis un artiste avant tout.

— C'est égal, conclut Rognepet, cette femme-là a beaucoup de jugeotte. Au moins elle a su qui elle prenait pour amant, tandis que dans le mariage...

Les deux causeurs s'éloignant, Valentin Troisminet n'en entendit pas davantage. Mais ce qu'il avait entendu suffisait à son indignation.

Dix jours après environ, à cinq heures du matin, le vertueux Troisminet était réveillé par un formidable coup de sonnette et Anténor Korigan se précipitait dans sa chambre comme un fou. Le malheureux avait tout découvert et venait demander à son ami un conseil suprême.

— Je veux la traîner devant les juges! s'écriait-il avec fureur. Je veux faire proclamer son infamie dans le prétoire et remplir un cachot de ses gémissements.

Valentin faisait pour le calmer les plus louables et les plus inutiles efforts.

— Mais enfin, que t'a-t-elle répondu pour se défendre quand tu l'as surprise ? demanda-t-il à son ami.

— Une impertinence épouvantable. Elle a parodié un mot de moi.

— Mais quoi encore ?

— Elle m'a répondu : « Qu'est-ce que ça vous fait, puisque les modèles n'ont pas de sexe ! »

— Et son complice ?

— Son complice a eu le toupet de se regimber et de me dire que si j'avais, en effet, tenu ce propos insultant pour lui, il m'en demanderait raison.

XIII

CAMP MEETINGS

Voilà ! Je suis sûr que vous ne savez pas ce que c'est qu'un « camp meetings ! » C'est désolant et je suis obligé de renoncer à causer avec vous. Mais vous n'êtes donc jamais allé aux États-Unis? Moi non plus. Seulement, je sais ce que c'est qu'un « camp meetings ». Je le sais, parce que j'ai, dans ma haulte et puissante race, des fils de prince qui vont régulièrement à Lourdes ou à Paray-le-Monial et que c'est à fort peu près la même chose. Le « camp meetings » est une façon de promenade religieuse fort à la mode dans certaines communions protestantes. C'est un pèlerinage, mais sans but. Pas besoin d'une source miraculeuse ou d'une piscine enchantée. Un simple paysage suffit, avec des eaux ordinaires ou ayant tout au plus les propriétés de celles de Saint-Galmier. On part le matin en chantant des cantiques. On festoye à midi. Puis, après quelques psaumes digestifs, on se disperse dans la nature pour en louer l'auteur. Enfin, on festoye encore et l'on revient en récitant en commun quelques morceaux choisis de la Bible. Ces excursions, auxquelles les deux sexes sont admis, se font sous la conduite des pasteurs qui, de temps en temps, par d'édifiantes paroles, rappellent à leur troupeau le but éminemment saint de ces réunions champêtres.

Y êtes-vous ? — Oui. — Eh bien, ce n'est pas malheureux. Apprenez encore, pauvres ignares mes frères, que les dames les plus élégantes sont friandes à l'excès de ces déjeuners en plein vent. Tandis que nos pèlerins de Lourdes ou de Paray-le-Monial affectent des façons ascétiques et patibulaires, émaciées et claustrales, les « camps meetings » ont l'aspect joyeux comme des courses, avec cette supériorité évidente qu'aucun jockey ne s'y casse les reins. Car, ne croyez pas, au moins, que je les veuille tourner en ridicule ! J'ai pour tout ce qui touche la religion un respect instinctif. Je suis, en cela, comme Théophile Gautier qui n'entendait qu'on insultât aucun dieu, « de peur que ce fût le bon, » disait-il. D'ailleurs, cette pratique américaine n'est pas sans analogie avec les Panathénées dont Théocrite nous a conservé un si piquant tableau, et tout ce qui touche aux cultes antiques m'inspire, en particulier, une singulière vénération. Ne vous hasardez jamais à médire de Jupiter devant moi. Dites plutôt du mal de M. Scribe.

Mais le docteur John Harriss, de la faculté de Philadelphie, était infiniment moins pieux que moi. Possesseur d'une délicieuse femme blonde, grassouillette (notez le fait), modelée dans une pâte de rose et de lis par le sculpteur éternel, ce mari tyrannique interdisait formellement à la belle Edith cette pieuse récréation à laquelle prenait part le plus grand nombre de ses amies. Il avait à l'endroit des « camp meetings » les mêmes préventions que certains époux catholiques au sujet de la confession. Moi, je n'aime pas qu'on opprime les consciences. D'autant que ce John Harriss n'avait qu'une pitoyable raison à donner à l'appui de son intolérance. Quand on lui en demandait le motif, il se contentait de répondre, en souriant avec un air bête, que c'était parce qu'il était allé beaucoup lui-même aux « camp meetings » quand il était garçon ! Mais, animal, voilà bien un trait d'égoïsme à faire honte ! Comment, c'est parce que les fêtes pieuses ne vous amusent plus vous-même que vous prétendez les interdire à cette pauvre Edith ! — Au moins, monsieur, n'en dégoûtez pas les autres ! Eh bien, non, vous n'avez pas tout à fait deviné le vrai sentiment qui dictait la conduite de ce John Harriss, que le ciel confonde !

Ce vrai sentiment, c'était la jalousie.

— Ah ! vraiment, monsieur ! Nous prétendrions, tout comme Marie, n'avoir pour coiffure que

> Un chapeau de bergère :
> Sur le front une fleur !

On vous en payera, mon compère ! Et l'ombre auguste de Ménélas, qui la consolera ? Et cette magnifique invention du cocuage que le Nouveau-Monde n'a pas à envier à l'ancien, qui l'entretiendra dans sa gloire ? Vous ne pensez que pour vous, John Harriss, ce qui n'est pas joli. Et le

reste de l'humanité, faux frère que vous êtes!
D'autant que si vous aviez un peu étudié le mécanisme admirable de nos modernes sociétés, vous sauriez certainement que votre femme, la délicieuse Edith, n'avait aucun besoin d'aller au « camp meetings » pour vous gratifier de ce qui vous revenait de droit. Dieu merci, tout a été prévu, dans les mœurs des peuples civilisés, pour que chacun eût sa part du gâteau. Les gens qui se sont mariés le plus de fois peuvent être considérés comme y ayant trouvé la fève.

— Non, Madame, vous n'irez pas!

— Vous connaissez bien cependant la piété du pasteur Abediah qui doit nous conduire ! Vous-même lui rendez justice.

— C'est, en effet, un fort bel homme et qui cause bien. Mais c'est une raison de plus pour que vous vous teniez tranquille à la maison.

— Vous savez bien pourtant que le médecin m'a recommandé les promenades au grand air.

— Nous irons herboriser ensemble demain matin si vous voulez.

— Merci !

— Et même, si vous y tenez, je vous chanterai le *Super flumina Babylonis* ou quelque autre actualité pareille, tout en aplatissant des simples dans mon herbier.

— Assez de mauvaises plaisanteries, monsieur ! nous divorcerons, ce sera plus tôt fait.

Ici le docteur John Harriss fit une grimace. Car j'aime mieux vous dire, tout de suite, que ce savant, parfaitement incapable de gagner trois sous avec toute sa science, avait grand besoin pour vivre, assez luxueusement ma foi, de l'énorme fortune que la délicieuse Edith lui avait apportée.

— Vous poussez tout à l'extrême, ma mie, fit-il plus doucement.

— Si ! monsieur ! nous divorcerons ! Je n'ai pas envie de me damner pour faire une concession de plus à vos voltairiennes théories.

— Ta ! ta ! ta ! ta ! ma petite femme. Mon Dieu, je n'ai pas dit non, tout à fait, seulement...

— Seulement quoi ? dit joyeusement Edith.

— J'y mettrai une condition.

— Je souscris à toutes. Laquelle ?

— Eh bien ! tu remplaceras le joli flot de fine

toile festonnée et brodée qui, sous tes jupons, sert communément de haut-de-chausse, comme disaient nos aïeux, par un pantalon de fer nickelé de la maison Bob Lees et Cie, la première de New-York pour la solidité de ses produits.

— Une armure, monsieur, y pensez-vous ! Dans ce siècle de progrès !

— Jeanne d'Arc en portait bien une et c'est le modèle que je prétends vous donner en cette occasion.

— Peut-être est-il un peu tard ?

— Vous serez la Jeanne d'Arc du repentir, voilà tout.

— Eh ! bien, monsieur, pour vous prouver l'innocence absolue de mes projets, j'accepte cette ridicule condition. Commandez votre ferblanterie !

Et la délicieuse Edith sortit avec une magnifique attitude de mépris.

John Harris fit une seconde grimace. Il avait espéré qu'elle prendrait sa proposition pour une simple plaisanterie et en serait désarmée.

Je ne vous décrirai pas les splendeurs du « camp

meetings » auquel assista l'épouse obstinée. Sachez seulement que ce fut un des plus beaux de la saison. Le révérend Abediah y prononça une homélie à convertir les locomotives qui passaient dans le lointain ! Saint Paul n'eût pas fait mieux. Le repas sur l'herbe fut tout simplement exquis. On y remarqua les cochons de lait grillés en plein vent. Une chair exquise, rose et rissolée à ravir ! Le diacre Sichel avala même maladroitement un de ses doigts, à force de le lécher après en avoir mangé. Quant à la petite promenade digestive et biblique à la fois, elle emplit les bois voisins de couples si fort exaltés en oraisons que les versets du *Cantique des cantiques* leur sortaient tout naturellement de la bouche. Ah ! le Seigneur Dieu qui créa le ciel et la terre fut joliment glorifié ce jour-là et les séraphins purent se reposer de l'assommante musique qu'ils lui font à l'ordinaire.

Malgré les mesures préventives et radicales qu'il avait prises, le docteur John Harris passa en revanche une fichue journée.

Le soir, la délicieuse Edith fut absolument sobre de détails sur cette édifiante retraite. A peine put-elle citer par cœur à son mari quelqu'un des plus remarquables passages de l'homélie du Révérend Abediah. C'était bien le cadet des soucis de cet homme sans vraie piété.

Le lendemain, résolu à tâcher d'en apprendre davantage, il s'alla promener seul, à son tour, au lieu même où, la veille, avait eu lieu le « camp meetings ». Des débris de cochons de lait, du papier ayant entouré des poulets, des bouchons de champagne épars dans l'herbe indiquaient bien la place où l'on avait prié en commun.

— Bonjour, docteur John Harris.

— Tiens ! Est-ce que tu étais là hier ?

Ce dialogue s'était subitement engagé entre le docteur et un petit berger en train de faire paître ses moutons à deux pas, petit berger dont il avait naguère soigné un panaris.

— Certainement, docteur John Harris, que j'étais là ! J'ai même vu madame votre femme parmi les pieuses personnes de l'assemblée.

— Vraiment ? Et que faisait ma femme ?

— Elle n'a pas quitté un instant le diacre Sichel qui lui expliquait le vrai sens de la légende de Judith et Holopherne. Voire même qu'en revenant tous deux de ce petit bois-là, le diacre a perdu cet objet de piété que j'ai mis de côté pour le lui rendre et que j'ai fort bien vu dans sa main. La clef du tabernacle probablement.

— Voyons !

— Voilà !

Pour le coup, le pauvre docteur John Harris fit une troisième grimace plus effroyable que les deux premières. Le petit berger venait de lui tendre... devinez quoi ?

Un couteau à ouvrir les boîtes de sardines !

XIV

L'EMBARRAS D'UN HONORABLE

Le jeune comte Olivier de Pinterose était ce qu'on est convenu d'appeler un homme politique d'avenir. A la rigueur, on eût pu se demander où ce gentilhomme d'État avait puisé les principes d'administration et les connaissances élevées qui semblent nécessaires à quiconque se veut mêler du gouvernement d'un grand peuple. De vous à moi, le jeune comte Olivier de Pinterose avait mené, jusqu'à vingt-cinq ans, une vie de polichinelle roulant deux bosses énormes à travers les joinfaciles du célibat. Dieu me damne, il avait frisé le conseil judiciaire, une institution trop vieille pourtant pour avoir encore beaucoup de cheveux. Les filles folles de leur corps, comme disaient nos pères, avaient été sa plus chère compagnie, —

chère à tous les points de vue. Il avait beaucoup joué, et, partant, avait été beaucoup triché. Un boulevardier, quoi ! un de ces Parisiens qui vous arrivent, un beau jour, de Gascogne, et s'emparent de l'asphalte comme des conquérants, nous traitant de provinciaux, nous autres qui sommes bêtement nés rue Saint-Honoré. Comment des goûts sérieux étaient-ils subitement venus à ce joli noceur ? Je ne me charge pas de l'expliquer, n'ayant jamais subi, pour mon compte, ce genre de métamorphose, mais j'en pourrais trouver des exemples nombreux dans le monde parlementaire que l'Europe ne saurait manquer de nous envier. Toujours est-il que sans être diabétique le moins du monde, le jeune comte Olivier de Pinterose s'était réveillé, un beau matin, dans le lit d'une impure, peut-être, extraordinairement passionné pour la question des sucres raffinés. Les élections approchaient. Il posa nettement sa candidature dans un arrondissement où fleurissait la culture de la betterave et y prononça, devant un comité, un discours sur la matière plein d'aperçus nouveaux, et qui fit pleurer les vieux raffineurs. L'un d'eux, le plus riche, ma foi, le père Cristal, qui avait un bon million au soleil, lui offrit, à la sortie, la main de sa fille Laure, une blonde exquise qui avait refusé les plus beaux partis. L'affaire fut conclue sur l'heure. Eh! tope là, compère! On s'aimera si on peut. On épousera toujours, en attendant. Ça fait passer le temps.

Poussée par le père Cristal, la candidature d'Olivier fut tout simplement un triomphe. Représentant de la vieille noblesse dont Dagobert cachait la souche dans son haut-de-chausse, allié à la haute bourgeoisie qui, comme le vinaigre, a d'Orléans pour patron, il devait apporter avec son auguste personne, dans nos assemblées, un élément conciliateur, un levain d'apaisement. Libéral avec ça, très libéral et tout à fait disposé à donner des leçons à l'extrême gauche, quand celle-ci s'éloignerait des principes d'une démocratie rigoureuse et bien entendue.

Vous voyez que cet homme portait en lui l'étoffe d'un sous-secrétaire d'État, sinon d'un ministre. Nous le verrons l'un ou l'autre un de ces matins.

En attendant, voici le poulet qu'il adressait à sa jeune épouse, il y a quelques jours :

« Ma chère Laurette, je devance l'heure légitime des vacances pour t'arriver plus tôt. Je pars ce soir. J'hésitais encore, mais nos cartes de circulation nous ayant été distribuées plus tôt qu'on ne l'espérait, tu penses que je profite immédiatement de la mienne. Dorénavant, ma chérie, je viendrai passer, au même prix, trois jours par semaine avec toi... Quand je dis : trois jours, je m'entends ! Ne rougissez pas et ne vous fâchez pas, madame la sucrée. On vous apportera un petit mari bien impatient de vous revoir. Après le labeur, le rêve ! Après la politique, l'amour ! Que nous allons être heureux !... J'ai fait un discours hier sur l'épuration du noir animal plein d'allusions qui ont porté et m'ont valu un succès fou. Nous en recauserons entre deux baisers ! A demain, à toujours, ma petite femme.

» Ton Olivier, pour la vie. »

Et le soir même, en effet, M. le comte Olivier de Pinterose montait dans un compartiment de première approximativement gratuit où bientôt se hissait, après lui, une jeune dame fort élégante et fleurant les parfums les plus distingués. On partait un instant après, les laissant dans le plus complet tête-à-tête.

Il paraît que le bois dont on fait les conseillers d'État et les membres de cabinet est très inflammable à l'occasion. Celui dont se confectionnent les conseillers d'État en service extraordinaire surtout. Toujours est-il que notre ex-viveur eut bien vite ébauché avec l'inconnue ce qu'on est convenu d'appeler une bonne fortune. La dame en valait la peine vraiment, paraissant de fort appétissante nature, pour ceux, au moins, qui estiment que les poulardes seules ne doivent pas être dodues dans une société bien organisée. Blanche et en chair comme une vierge du Mans, la voyageuse semblait, de plus, d'un esprit enjoué, ne se révoltant pas contre la plaisanterie. On allait passer six heures ensemble. C'était court assurément. Mais on peut faire tenir de bien grands bonheurs dans bien moins de temps. Seulement il ne faut pas en perdre les trois quarts dans de platoniques fantaisies. M. le comte, qui savait son métier, commença par s'assurer une solitude (à deux — les seules supportables) en faisant blanc de son épée de législateur, j'entends en promettant sa protection au chef de gare de la première station, à la condition qu'il mît sur la voiture une plaque en interdisant l'entrée aux profanes. Après quoi il commença un siège en règle, avec tranchées et circonvallations, suivant les principes des Vaubans de salon. La résistance fut convenable — rien de plus. — La place capitula sous le premier tunnel, on conclut un armistice sous le second et la paix fut définitivement signée sous le troisième.

Enchanté des résultats de sa petite guerre, le conquérant en consacra la mémoire, non pas comme Louis XIV sur la porte Saint-Denis, mais sur un simple anneau d'or, présent de sa femme, avec la pointe d'un canif et en ces termes : *A Léocadie, souvenir d'une nuit d'ivresse, amour éternel.* Et il signa, après avoir daté. Après quoi il remit ce gage de tendresse à la belle inconnue qui continuait sa route plus loin que lui.

Dans une suprême étreinte on eût dit que celle-ci lui arrachait le cœur.

Ce n'était pas cependant le cœur qu'elle lui avait volé, mais simplement le portefeuille dans lequel était son argent et aussi sa carte de circulation. Il s'en aperçut bien vite, en voulant exhiber celle-ci aux employés du chemin de fer. Mais va donc courir après un train express qui fuit à toute vapeur ! O malheureux Olivier de Pinterose ! Tu avais eu tout simplement affaire à une drôlesse. Eh bien, quoi, mon ami ? Ce qu'elle t'avait donné, ne valait-il pas cent fois ce qu'elle t'avait pris ? Un seul instant du bonheur que tu avais goûté ne saurait se payer assez cher. C'est au moins mon opinion. Avoir aimé et être dupé ensuite me paraît le plus enviable des destins. Oui, mais comment expliquer à Laure la disparition du portefeuille dont elle-même avait brodé les initiales du bout de ses jolis doigts grassouillets ? Comment lui faire accepter l'absence du permis annoncé dans la lettre de la veille !... Après tout, le plus honnête homme du monde peut avoir été dévalisé, dans le train, par un filou, pendant qu'il dormait. Bien heureux même de ne pas être assassiné par la même occasion. Il porterait plainte et voilà tout.

Oui, mais l'anneau, l'anneau accusateur donné à la dame ?

Impossible de s'adresser à la justice. — Un procès révélerait tout à Mme de Pinterose, et la paix du ménage serait à jamais perdue !... En admettant encore que la dame se fît pincer.

Olivier prit le parti de jeter aussi son paletot en route. Il en serait quitte pour dire à sa femme qu'il l'avait oublié avec tout ce qu'il contenait dans le wagon, tant était grand son empressement de la revoir.

Et c'est ce qu'il lui débita sans hésiter.

Celle-ci le plaignit, Dieu sait combien ! Elle le plaignit et même le consola, ce qu'il ne méritait guère. Elle le consola, dis-je, bien au delà de ses besoins.

Maintenant, voyez et examinez de sang-froid dans quels jolis draps s'est fourré ce gouvernant trop amoureux. Il sait, à n'en pas douter, qu'un imposteur, l'amant probablement de sa voleuse, s'est emparé de sa carte de circulation et en profite pour faire un tas de dupes. En voilà un qui va promettre des bureaux de tabac et des abattoirs en son nom ! Pour ce que ça lui coûte ! Et impossible de le faire pincer ! car l'anneau donné à la dame est là, et mieux vaut encore payer sa place en voyage tandis qu'un autre se promène gratuitement sous votre couvert que de provoquer un esclandre où sombrera votre honneur conjugal. Car la famille Cristal est extrêmement susceptible. Olivier de Pinterose n'a qu'une chose à faire : laisser aller et fermer les yeux.

C'est égal, si, dans un train, un monsieur voyageant avec sa carte circulatoire de député veut vous emprunter quelque louis en vous promettant d'apostiller toutes vos demandes, méfiez-vous ! C'est probablement l'ami de la dame à l'anneau. Et si c'est celle-ci que vous rencontrez, faites absolument comme le comte de Pinterose, mais cachez auparavant votre portefeuille au plus secret de vos vêtements.

XV

LE NOM DES FLAGEOLET

C'était, de tous points, une excellente personne que damoiselle Pétronille Flageolet, et confite, jusqu'à son maigre cou de vieille fille, dans les sages idées du bon vieux temps. Appartenant, par sa naissance, à une des plus anciennes familles du Soissonnais, elle avait l'orgueil de son nom à inquiéter les Montmorency eux-mêmes. A force de recherches, elle avait reconstitué, à sa longue roture, un arbre généalogique dont les branches s'enchevêtraient de la plus merveilleuse façon, et dont les racines plongeaient au plus profond des abîmes du passé. Elle faisait remonter sa race jusqu'à un certain Flageoletus, surnommé *Petulans*, chef des musiques militaires de l'armée de Jules César. On rencontrait ensuite dans l'héroïque légende de ses aïeux, Flageolet le Hutin, fournisseur d'éventails de Frédégonde, Jéricho Flageolet, qui, à la bataille de Pavie, avait rallié les derniers soldats de François Ier en imitant le bruit de la trompette; Petrus Flageolet, organiste de Saint-Agapet à Laon ; Flageolet, dit Louffard, parfumeur du prince de Monaco ; enfin, Yvan Flageolet, ingénieur gazier de l'empereur de toutes les Russies. Damoiselle Pétronille vous eût conté les moindres détails de la vie de chacun de ces grands personnages et toutes les alliances qu'ils avaient faites avec les personnes les mieux apparentées du pays. Il y avait, en particulier, un certain mariage d'amour entre un Flageolet, simple trouvère sous Louis XI, et une noble jeune fille issue de l'altière race des Lenflé de la Haulte-Veyssière, dont le récit l'enthousiasmait encore au point de la faire pleurer de joie, comme une enfant, nonobstant ses soixante-quinze ans authentiquement sonnés. Un seul souci rongeait cette noble vieillesse. Qu'allait devenir sa grosse fortune après sa mort, puisque le nom des Flageolet ne devait pas longtemps lui survivre? En effet, il n'était plus porté que par un petit-neveu, Zéphyrin Flageolet, voyageur en farineux, lequel, bien que marié, depuis quinze ans, avec une fort belle personne, ma foi, répondant elle-même au doux prénom d'Hortense, avait complètement omis de se reproduire. Aussi damoiselle Pétronille s'était-elle décidée à laisser tout son bien à l'hospice de Soissons, à la condition expresse que ses immenses terres seraient uniquement vouées à la culture d'une variété de haricots dont la graine avait été rapportée en France par son célèbre ascendant, le grand navigateur Rossignol Flageolet.

— Il y aurait un joli coup à faire, Hortense, dit un jour Zéphyrin Flageolet en se grattant le front. Il paraît que la tante Pétronille n'en a plus que pour quelques mois et baisse tous les jours. Tu devrais aller t'installer auprès d'elle, pendant mon voyage en Afrique.

— A quoi bon, mon ami, puisque ses dispositions sont prises depuis longtemps ?

— J'ai trouvé un excellent moyen pour la décider à les modifier en notre faveur.

— Lequel ? bon Dieu !

— Dame ! c'est audacieux ; mais qui ne tente

rien n'a rien. Donne-moi une plume et de l'encre, voire même une feuille de papier.

Mme Zéphyrin Flageolet obéit et bientôt elle put lire par-dessus les épaules de son mari, et pendant même qu'il écrivait, les lignes que voici :

« Chère et vénérée tante,

» Les nécessités de ma carrière me forcent à en-
» treprendre un grand voyage. La récolte des len-
» tilles ayant manqué dans la plupart de nos beaux
» départements, je suis obligé de passer les mers
» pour assurer l'approvisionnement du marché,
» comme c'est mon devoir de commissionnaire
» et de citoyen. En tout temps, c'est un crève-cœur
» pour moi de me séparer de mon Hortense; mais,
» cette fois-ci, le sacrifice est plus cruel encore.
» Car ce n'est pas elle seule que je quitte. Après
» quinze ans de ménage, il est des choses qu'on
» ose à peine avouer. Cependant à vous il faut
» que je le dise. Le ciel semble avoir enfin béni
» notre bonne volonté. Ma femme était souffrante
» depuis quelques jours ; j'ai fait venir le méde-
» cin hier... Jugez de ma surprise, et de notre
» joie ! Mme Zéphyrin est... »

— Ah çà, Zéphyrin, vous êtes fou! s'écria Hortense.

Mais, sans écouter son exclamation, M. Flageolet acheva son paragraphe et écrivit le suivant :

« Ne pensez-vous pas, chère et vénérée tante,
» que, pendant mon absence, qui durera vraisem-
» blablement plusieurs mois, la place de ma
» femme est auprès de vous, de vous la gardienne
» des traditions de notre famille, de vous la pieuse
» conservatrice du Livre d'or des Flageolets !
» Vous veillerez sur mon trésor. Car je ne le veux
» confier qu'à vous. Ma femme partira demain et
» vous apportera plusieurs pots de confiture de
» coings qu'elle a faits exprès à votre intention.
» C'est un bien petit présent, mais il est de ceux
» qui resserrent.

» Agréez, chère et vénérée tante... etc... »

Deux jours après, comme il avait été dit dans cette épître, Mme Zéphyrin Flageolet arrivait avec ses malles à Champignol et était reçue à bras ouverts par damoiselle Pétronille. Ce n'était pas sans peine qu'Hortense était entrée dans les plans de son mari. Mais celui-ci avait eu réponse à toutes les objections. Certainement la tante aurait rendu l'âme avant l'expiration des neuf mois réglementaires, au bout desquels seulement la fraude pouvait être découverte. D'ailleurs, lui-même serait revenu avant ce temps et l'emmènerait sous prétexte de faire ses couches ailleurs. Restait la difficulté de soutenir le rôle et d'en bien reproduire les divers aspects. Mais Zéphyrin s'était fait expédier de Paris, par un de ses amis, commissionnaire en corsets, une série de faux ventres de toutes dimensions, comme en portent les personnes qui ont besoin de soutenir le leur. Soigneusement rembourrées en dedans, ces ceintures hygiéniques devaient faire une illusion complète. Zéphyrin en acheta seize qu'il numérota graduellement, afin que sa femme pût en changer tous les quinze jours, en passant rigoureusement d'un numéro au suivant. Ainsi, sa tante Pétronille pourrait suivre de l'œil les progrès de sa grossesse et, bien assurée qu'un rejeton allait naître, ne manquerait pas de casser son stupide testament, ou, tout au moins, d'y ajouter un codicille fatal à l'hospice de Soissons.

Et, de fait, l'accueil que fit la vieille demoiselle à sa petite-nièce parut confirmer complètement les prévisions du sieur Zéphyrin Flageolet. Ce fut, à proprement parler, du délire. Puis les entretiens et les projets commencèrent pour l'enfant qui allait prendre en ses petites mains l'honneur de la vieille race. Damoiselle Pétronille exigea qu'il s'appelât Jéricho-Pétrus-Yvan, en souvenir de ses trois glorieux ancêtres. On s'occupa sérieusement de sa layette, et tout fut en remue-ménage dans l'antique maison, depuis la cave où l'on mettait du vin en bouteilles pour l'héritier à venir, jusqu'au grenier où les souris, ne se sentant plus surveillées, dansaient des rondes affolées.

Un seul personnage faisait une grimace épouvantable. C'était le sieur Gontran, un arrière-petit-cousin qui occupait déjà la place quand Hortense en commença le blocus.

Oh ! bien simple, l'histoire de Gontran ! Viveur et beau garçon, capitaine de hussards de son état, et parfaitement ruiné, il s'appelait au régiment M. le comte Lenflé de la Haulte-Veyssière. En compulsant, un jour, les archives de sa famille, il y avait trouvé trace du mariage de sa très-arrière-grand'tante avec le trouvère Flageolet qu'elle avait épousé par amour, sous Louis XI. Ayant, de plus, eu connaissance de la grande fortune de damoiselle Pétronille et de sa maladie, il avait demandé un congé et l'était venu voir, dans l'espérance de redorer son blason avec les écus de cette lointaine parente. Aucune concession ne lui avait coûté pour lui plaire. C'est ainsi qu'il s'était mis immédiatement en instance auprès du conseil d'État pour obtenir l'autorisation de changer son nom, qui lui avait valu quelques mauvaises plaisanteries, contre celui bien plus simple et bien plus harmonieux de comte Flageolet. De plus, il avait imaginé une correspondance mensongère pour faire accroire à sa cousine qu'il était sur le point de se marier. Tout cela avait assez bien mordu et il paraissait fort en cour, quand l'arrivée d'Hortense et de son ventre en baleines réduisit à néant toutes ses espérances. Et pourtant! il avait inventé une bien belle alliance avec une demoiselle Herminie de Vente-sous-Roche dont les épîtres enflammées faisaient pâmer damoiselle Pétronille, comme les pages d'amour d'un roman de chevalerie !

Il fit donc d'abord fort vilaine figure à la nouvelle venue.

Mais on n'est pas, après tout, gentilhomme et capitaine pour rien. Je l'ai déjà dit d'ailleurs. Hortense était une fort belle créature. Elle avait cette maturité charmante des femmes de trente ans (elle en avait même trente-trois), dont les devoirs de la maternité n'ont pas alourdi les formes gracieuses et puissantes. Sa gorge et ses épaules étaient restées jeunes, pleines, rebondies. Que dirais-je encore? Son embonpoint factice n'avait rien de déplaisant... au contraire. Gontran ne bouda pas longtemps ce doux et gracieux visage. De son côté, Hortense, sentant qu'elle avait gagné la bataille, se sentait disposée à traiter humainement le vaincu.

O surprises de la destinée! Savez-vous ce qui arrivait, pendant ce temps-là, au malheureux Zéphyrin Flageolet, sur le continent africain? Eh bien, en allant conclure un très avantageux achat de lentilles dans un goum, il se faisait pincer par une tribu en révolte qui courait le désert. Le chef de la tribu avait solennellement juré de lui faire couper la tête si le gouvernement français n'accordait pas, en échange de sa grâce, celle des insurgés ; or, le gouvernement français ne semblait nullement pressé de faire ce marché de dupe. Et le temps s'écoulait, et le chef de la tribu s'impatientait, et Florentin Flageolet comptait qu'il y avait onze mois qu'il avait quitté sa patrie et sept qu'il n'avait reçu de nouvelles de sa femme. Que serait-il advenu de la plaisanterie faite à la tante Pétronille ? Et puis, il s'agit bien de savoir comment finira une plaisanterie, pour un homme qui sent sa tête dodeliner sous le vent d'un yatagan.

Un jour, enfin, la tribu reçut une raclée ; le chef fut tué avant d'avoir pu tenir son serment, et Flageolet, recueilli par nos braves militaires, put enfin regagner Alger.

Le jour même une lettre lui arrivait de France, une lettre d'une toute petite écriture tremblotante et illisible.

Je vous crois ! C'était la tante Pétronille, elle-même, qui avait voulu annoncer à son neveu l'heureuse délivrance de sa femme.

Car Hortense était réellement accouchée.

« ... L'enfant est magnifique, mandait-elle à
» Zéphyrin. Mais personne n'en est surpris, puis-
» qu'il résulte de nos calculs que sa mère a mis

» près de douze mois à le faire et à le mener à
» bien. Le médecin a dit, en riant, que c'était gé-
» néralement l'indice d'un caractère casanier... »

— Sacré nom de nom ! hurla Zéphyrin abasourdi.

Mais, après mûre réflexion, il pensa que tant de gens étaient cocus sans en tirer le moindre avantage (je ne parle, entendez bien, que des honnêtes gens) qu'il se devait estimer heureux de devoir un gros héritage à ce fatal événement.

Il résolut donc de partir au plus tôt, de débarquer à Champignol et de faire bonne figure à tout le monde, même à sa femme, tout en se réservant de lui offrir une belle tournée de gifles quand ils se trouveraient seuls ensemble.

Tout était en désarroi dans la maison de la tante Pétronille quand il arriva.

— Fichez-moi le camp ! lui hurla la vieille fille, dès qu'elle l'aperçut. Vous avez déshonoré le nom des Flageolet. Un Flageolet cocu ! Fichez-moi le camp !

Zéphyrin voulut protester, mais une nuée de laquais s'abattit sur lui et le fourra à la porte.

Or donc, apprenez ce qui s'était passé la veille.

Contran avait reçu de son propre papa un poulet dont voici, à fort peu près, la teneur :

« Espèce de polisson, vous avez odieusement
» compromis une jeune personne digne de tous
» les respects. Vous avez perdu de réputation, par
» des lettres inventées, Mlle Herminie de Vente-
» sous-Roche, la fille de mon vieux frère d'armes
» Népomucène de Vente-sous-Roche ! Vous allez
» l'épouser de suite, bien qu'elle n'ait pas le sou,
» ou je vous maudis.

» Votre père irrité,

» Agénor Lenflé de la Veyssière. »

— Va pour la malédiction ! s'était écrié le vertueux Gontran, sans hésiter une minute.

Et il avait galamment proposé à Hortense de l'enlever. Hortense, qui n'avait rien à refuser au père de son mioche, avait accepté avec enthousiasme. A l'heure du dîner, il n'y avait plus personne. Stupéfaction de Damoiselle Pétronille, puis découverte du pot aux roses. Fureur épouvantable de la vieille fille. Le malheureux Zéphyrin arriva juste pour en recevoir l'explosion en pleine poitrine, dans l'accueil que vous avez vu plus haut.

Damoiselle Pétronille laissa tout son bien à l'hospice de Soissons. Conformément à sa volonté, ce beau domaine est uniquement cultivé en haricots…. mais en haricots d'une merveilleuse variété. De vous à moi, M. Ruggieri ne se sert plus d'autre chose pour ses feux d'artifice.

XVI

LA DYNASTIE DES DURAND

Oh ! rien de politique ! Il ne s'agit pas d'une Restauration. Je ne vois pas d'ailleurs, d'ici, sur l'almanach Gotha, un souverain faisant bonne figure sous le nom de Durand Ier. Non ! nous sommes dans la bourgeoisie, dans la toute petite bourgeoisie, et le héros de l'aventure est un simple bourrelier.

Par exemple, elle a un mérite rare, cette aventure. Elle est de tous points authentique et ne remonte pas au « temps où les bestes parlayent » comme disait Rabelais, temps qui, lui-même, à en juger par certains discours d'académiciens, n'est pas aussi loin de nous que l'ont supposé les fabulistes.

Donc, M. Anselme, juge d'instruction de son

état, se frottait les mains comme les magistrats ont coutume de le faire quand la morale va, grâce à eux, passer un bon moment. Grand, sec, avec un regard bien noir, une bouche bien fine et des favoris en côtelettes, vous auriez pu connaître M. Anselme, et moi aussi... en tout bien tout honneur, comme on doit ajouter quand il s'agit de magistrats, aussi bien que quand il s'agit de femmes du monde. J'ai dit que M. Anselme était de bonne humeur, de cette bonne humeur particulière qui vient du devoir accompli et est tout simplement le ronronnement de la conscience. Et il y avait, morbleu! de quoi être plus content de soi que feu Titus : Mme Durand était pincée !

Cela n'a l'air de rien. Mais il y a moins de joie au paradis pour le pécheur qui se repent, qu'au palais de justice pour celui qui se laisse prendre. Pas intéressante, d'ailleurs, du tout, Mme Durand !... Il y avait deux bons mois que son brave homme de mari, la perle des bourreliers, avait déposé au parquet, contre elle, une plainte en adultère. Mais les amants se cachaient bien, et il y avait deux jours seulement que deux fins limiers, comme on dit, les avaient surpris dans leur domicile extra-conjugal. Là l'affaire s'était, tout à coup, compliquée à souhait. Au lieu de laisser constater sagement leurs mauvaises vie et mœurs, les délinquants s'étaient rebiffés. Madame avait d'abord voulu jeter à la tête des agents tout ce qu'elle avait sous la main ; mais sur la représentation de son amant, elle s'était contentée d'une carafe. Il y avait eu bataille. Les deux fins limiers avaient été entamés en plusieurs endroits, et, comble de malheur ! Mme Durand seule était restée dans leurs mains. Son complice avait héroïquement détalé en laissant le fond de sa culotte aux mains de l'autorité. Cet étendard pris sur l'ennemi figurait parmi les pièces à conviction.

Mais quelle vilaine nature que cette madame Durand ! Quand M. Anselme lui avait reproché sa conduite et lui avait parlé de son honnête homme d'époux, de cet infortuné Durand, qui bourrelait si consciencieusement pendant qu'elle courait le guilledou, croiriez-vous que cette drôlesse avait éclaté de rire ! Mais nous allons bien voir tout à l'heure ! Durand avait été avisé de la capture et mandé pour la confrontation. On frappait à la porte... c'était lui !

Rien de remarquable, ce Durand — un Durand comme tous les autres. Il s'était mis tout en noir pour venir. Il lui avait paru convenable de porter le deuil de quelque chose. M. Anselme le reçut avec ces égards affectueux qu'ont tous les gens bien élevés pour les hommes notoirement cocus. Ces égards expriment, d'une façon tout à fait délicate, qu'on est au courant de leur malheur et qu'on ne voudrait pas être dans leur peau. Quand le magistrat eut mis le mari au courant du combat soutenu par sa femme :

— La malheureuse ! se contenta de dire l'époux outragé, en levant les yeux comme pour voir si quelque chose n'allait pas descendre du ciel sur sa tête.

— Vous allez la voir tout à l'heure, ajouta le magistrat. Du calme, mon ami, du calme !

— J'en aurai, reprit le bourrelier en serrant es poings.

M. Anselme sonna, et, quelques minutes après, un frôlement de soie égayait l'ombre du couloir.

— Gredine ! s'écria Durand quand s'ouvrit la porte.

— Du calme, monsieur ! dit sévèrement M. Anselme.

— Je vous demande pardon ! fit humblement le pauvre diable ; mais je croyais que c'était ma femme.

Mme Durand était entrée.

— Voici votre mari et votre premier juge, lui dit le magistrat.

A quoi Mme Durand répliqua par un formidable éclat de rire.

— Mais, je vous demande pardon... dit le bourrelier.

— Entendez-vous, madame ? Quel homme admirablement généreux ! C'est encore lui qui vous demande pardon.

— Faites-moi la grâce... essaya encore Durand.

— Votre grâce, madame ! C'est lui qui demande votre grâce ! Ah ! vous devriez tomber à ses genoux !

— C'est que ce n'est pas ma femme ! s'écria très fort le mari trompé.

La foudre serait tombée dans le verre d'eau

sucrée de M. Anselme, qu'il n'en eût pas été plus abasourdi. Ainsi, les fins limiers avaient fait du propre! Ils avaient pincé une autre Mme Durand! — Car cette femme s'appelait bien madame Durand... on en avait la preuve! Il y avait, de par le monde, un second Durand, moins bourrelier peut-être, mais aussi... mari que le premier!

L'entretien finit froidement entre M. Anselme et celui-là.

— C'était bien la peine de me déranger, grommela-t-il en repassant la porte.

Il fallait bien cependant arriver à la vérité. La prisonnière s'enfermait dans un mutisme désespérant. Parbleu! sans les outrages aux agents, on la lâcherait tout simplement. Son Durand, à elle, n'avait pas porté de plainte. Mais voilà! il y avait eu acte de rebellion, et la société n'avait pas le droit de se montrer aussi clémente que l'époux. Ce morceau de culotte était là qui criait vengeance! Il fallait, à tout prix, découvrir l'éditeur responsable de ces actes d'insubordination.

Alors, M. Anselme eut une idée vraiment neuve et sublime.

Il se fit monter le Bottin et écrivit, à tous les Durand qu'il contenait, une circulaire. Fort heureusement, il n'y en avait que cent vingt-trois.

Leur défilé fut des plus comiques. Les uns apprirent avec une stupéfaction d'autant plus grande qu'ils étaient trahis par leurs femmes, qu'eux-mêmes étaient célibataires. — Les autres furent d'autant plus étonnés d'apprendre que leur femme était depuis trois jours sous les verrous qu'ils venaient de la laisser à la maison, donnant la bouillie aux mioches.

Il y eut un de ces Durand qui se trouva mal tout net à ces simples mots du magistrat.

—Monsieur, c'est pour une affaire d'adultère...

Il fallut lui apporter et lui faire respirer des sels. Ce que c'est qu'une mauvaise conscience ! Ce Durand-là taillait à tour de bras dans le contrat d'un de ses cousins ! un autre Durand comme lui ! *tu quoque !* Il conta tout à M. Anselme, qui lui fit une belle semonce en le renvoyant.

Il ne restait plus que quatre Durand à explorer, et encore le nom du dernier s'écrivait-il avec un *t*. Quelques confrontations avaient eu lieu et avaient toujours fini par un beau fou rire de la captive. M. Anselme était décidément fort inquiet.

Enfin l'antépénultième Durand parut. Il entra, pâle, défait, les yeux gonflés de larmes.

— Ma femme ! Ma chère femme ! fit-il en interrogeant le magistrat d'un regard si plein d'angoisse, que celui-ci en fut ému au point de prendre quelques ménagements.

— Votre femme a disparu ? dit-il avec bienveillance au pauvre homme.

— Depuis trois jours, monsieur, trois grands jours et autant de nuits. Elle était allée faire une course... voir une amie !... Disparue !... Plus rien ! Elle allait tous les jours chez son amie.

— Pauvre diable ! pensa Anselme, qui n'avait pas un mauvais cœur au fond.

— Et puis, continua l'antépénultième Durand, un malheur n'arrive jamais seul !... J'ai un commis, monsieur, un digne garçon de commis, une perle, mon *alter ego,* mon second moi-même. Baptiste ! mon brave Baptiste ! Eh bien ! le même jour, de mauvais garnements l'ont attendu dans une rue déserte et l'ont horriblement maltraité.

Ils ont été jusqu'à lui arracher un morceau de son pantalon, à l'endroit le plus essentiel.

Ici le regard de Durand se porte sur la pièce à conviction, sur le fameux fond de culotte dont il a été parlé plus haut et qui s'étalait triomphalement sur la table.

— Mais le voilà, monsieur, ce morceau ! Ah ! quel homme vous êtes ! Vous les tenez déjà les gredins ? Nous allons faire rendre à Baptiste justice et de quoi se couvrir le derrière !

Et le bon patron, l'excellent époux, était plein de gestes de triomphe. M. Anselme se sentait plein d'une ineffable pitié pour lui.

— Consentirez-vous à reprendre votre femme ? finit-il par lui dire lentement.

— Oh ! monsieur, vous l'avez ici ? Quel bonheur ! Vite ! vite ! dans mes bras !

— Calmez-vous et attendez un instant.

M. Anselme écrivit et sonna. Son mot partit. Durand attendait plein d'angoisse. Le magistrat lui tendit un journal, que ce malheureux commença à lire à l'envers. Une demi-heure se passa qui parut un siècle à l'antépénultième mari.

— Votre femme est maintenant chez vous, lui dit M. Anselme après avoir consulté la pendule.

— Et ceux qui ont arraché la culotte de Baptiste seront punis !

Le magistrat fit un signe affirmatif. Il venait d'envoyer un joli savon aux deux fins limiers.

— Ah ! monsieur, merci !

Vous avez deviné le reste. M. Anselme avait mis la femme au courant de la situation en lui rendant sa liberté.

On tua le veau gras dans le ménage, et les appointements de Baptiste furent augmentés.

— Mais, me direz-vous — le vrai Durand ? Le seul Durand... le Durand, qui avait porté plainte en adultère ?

Eh bien ! les fins limiers continuèrent à travailler pour lui.

XVII

SHOCKING

C'était dans un des rares salons d'aujourd'hui qui ne soient pas des salons politiques. Car les jobards qui accusent le goût immodéré du tabac et les progrès du réalisme contemporain de nous faire fuir ce qu'on appelle la bonne société ne savent pas ce qu'ils disent. Notre exil volontaire de cette franc-maçonnerie de la tenue a une tout autre cause infiniment plus honorable pour nous : l'habitude qu'ont prise les maîtresses de maison d'emplir leur domicile, les soirs de réception, d'un tas de députés, de sénateurs et autres bavards embêtants qui trimballent dans leurs poches toute la poussière du char de l'État et vous la jettent aux yeux. Ces gens-là emportent sur eux une odeur de groupe et un parfum de sous-commission dont tous les cerveaux un peu délicats sont notoirement incommodés. Il paraît que nous allons doubler leurs appointements. Moi, je voudrais qu'on les triplât, à preuve que je ne leur veux pas de mal, mais en y mettant pour condition qu'ils vivront leur vie parlementaire chez eux et ne nous en fatigueront plus chez les autres.

Le salon dont je parle n'était pas non plus un salon académique. Car on conviendra que les gens qui se sentent vivre sont aussi parfaitement excusables de préférer les brasseries, et même pis encore, au musée de momies où s'agite la gloire des futurs immortels, où la voix de M. de Broglie, cette crécelle, se joue contre la voix de M. Caro, cette harmoniflûte, où l'on discute sérieusement l'importance littéraire d'une distinction qui fait rire les vrais lettrés, entre un poème de Gautier et une page de Flaubert. Oui, je le proclame, il faut être à demi mort au moins pour se complaire dans cette atmosphère de sépulcre, où les calinotades de faux Numas alternent avec les hyperboles de ridicules Égéries. J'ai mis une fois seulement le bout de ma botte dans un de ces guêpiers-là. Il m'a semblé pendant huit jours que les employés des pompes funèbres me reniflaient au passage et se disaient tout bas entre eux : En voilà un qui s'est évadé, si nous le repincions !

Je vous le répète, c'était dans un salon tout différent de ceux-là, celui de mon ami le sculpteur G..., dont le petit hôtel n'a rien à envier, au point de vue décoratif, aux plus pures merveilles de la Renaissance. Le piano frémissait encore sous les dernières notes de Rubinstein. On se mit, je ne sais pourquoi, à parler de la vertu des femmes, et de la façon dont elle est comprise dans les différents pays. On avait passé en revue déjà l'Espagne, l'Italie, l'Allemagne. On abordait l'Angleterre. Les avis, je dois le dire, étaient très partagés sur la réalité de la pudeur britannique.

— Voulez-vous que je vous conte à vous seul, et dans un petit coin, une anecdote authentique à ce sujet ? me dit ma délicieuse amie la comtesse de L....

— Quelle bonne fortune !

— Vous vous rappelez, n'est-ce pas, cette jolie mistress Burton, dont votre ami Jacques était si prodigieusement amoureux ?

— Si je me la rappelle ! Blonde comme une coulée de miel, blanche comme une floraison d'amandier avec de délicieuses et imperceptibles rougeurs, des yeux de pervenche mouillée, une bouche petite, mais charnue comme une guigne, un grand air d'élégance avec cela, et des mains un peu longues mais d'un dessin spirituel.

— Tout cela est exact, au lyrisme des images près. Car rien de moins lyrique, n'est-ce pas, que cette longue et harmonieuse créature, nonchalante et bourgeoise à ravir ou à faire horreur, selon les goûts.

— Je sais qu'elle a rendu Jacques fort malheureux par son inattaquable vertu ; malheureux au point qu'il dut s'exiler pour la fuir pendant plus d'une année.

— C'est tout ça qu'il vous a dit de sa liaison avec elle ?

— Tout absolument. D'ailleurs, lui, si expansif d'ordinaire, n'aime pas à en parler.

— Il a raison. Mais vous, vous avez tort de le plaindre.

— Je plains toujours l'homme qui, sincèrement épris, n'a pas obtenu ce qu'il souhaitait.

— Eh bien, ce n'est pas le cas.

— Quoi ! ce sournois de Jacques fut heureux ?

— Absolument. Si le bonheur est dans cette possession rapide d'un bien impossible à retenir.

— Dites-m'en un peu plus, je vous en prie.

— C'est délicat. Mais il y a, dans cette histoire, une petite curiosité d'analyse, au point de vue du sentiment, qui fait que je vous la conterai jusqu'au bout.

— Comme vous l'aviez fort bien remarqué, mistress Burton décourageait votre ami avec une conscience indiscutable. C'est donc absolument désespéré que celui-ci, à bout de résignation sinon de désir, — car fort heureusement le désir s'use comme la patience, — lui annonça son prochain départ pour l'extrême Orient où il méditait d'aller rejoindre le célèbre archéologue Clermont-Ganneau, pour demander à de calmes études un peu de renouveau intellectuel et d'oubli. Mistress Burton reçut cette nouvelle avec une indifférence polie, et notre amoureux bouclait déjà ses malles quand un petit mot très parfumé de cette cruelle personne lui donna rendez-vous pour le lendemain dans de si mystérieuses conditions qu'il fut bien obligé de croire à une bonne fortune... ou à une horrible mystification.

Ce fut une bonne fortune qu'il rencontra.

— Complète ?

— Complète !

— Alors il serait resté et vous savez bien qu'il est parti !

— Ayant annoncé son voyage à tout le monde, il ne pouvait y renoncer absolument et immédiatement sans compromettre mistress Burton. Celle-ci fut la première à le lui faire sentir et à le conjurer de s'en aller. Seulement, au lieu de s'embarquer tout de suite pour Jérusalem, il partit simplement pour la Savoie et s'y cacha, attendant impatiemment que le temps moral fût écoulé qui lui permît de reparaître. Je vous réponds qu'il compta les semaines, les jours et même les heures, d'autant que, contrairement à son attente, la belle Anglaise ne le gratifia pas d'une seule lettre pendant ce volontaire exil. Enfin n'y tenant plus, il prit le train, accourut à Paris, tomba comme une bombe chez elle.

O bonheur ! elle était seule.

Se jeter à ses pieds, couvrir ses mains de baisers, se rouler le front dans les plis de sa robe en respirant avidement les délicieuses odeurs de sa personne fut l'affaire... ou mieux eût été l'affaire d'un instant. Car, en l'apercevant, mistress Burton s'était levée avec un air de dignité froissée tout à fait imposant et avait repoussé ses manifestations à la fois pieuses et familières par un terrible :

— Êtes-vous fou, monsieur ?

Votre ami Jacques, qui est cependant un gaillard, faillit tomber à la renverse. Il allait insister, invoquer les tendres souvenirs, demander une explication, mais sa maîtresse ne lui en laissa pas le temps.

— Après une pareille inconvenance, monsieur, continua-t-elle, vous m'éviterez, je l'espère, de sonner mes gens pour vous faire jeter à la porte.

Jacques salua et sortit.

Le lendemain, il partait sérieusement pour Jérusalem.

— Mais, demandai-je à la comtesse de L..., après un moment de silence, qui vous a raconté cette incroyable aventure ? Jacques, vraisemblablement.

— Non ! Je rendrai la justice à Jacques d'avoir gardé fidèlement le secret de son fugitif bonheur.

— Mais qui, alors ?

— Mistress Burton elle-même.

— Comme ça ?

— Oui comme ça et comme la chose la plus naturelle du monde. « Concevez-vous, me dit-elle, l'impertinence de ce monsieur qui allait se mettre à mes genoux et m'appeler sa bien-aimée ! » — Permettez ! Il me semble, repris-je, que, d'après votre propre aveu, vous l'y aviez bien un peu autorisé ? — « Par exemple ! » — Mais alors pourquoi, insistai-je, lui aviez-vous accordé tout ce que vous lui donnâtes la veille de son premier départ ? — « Tout simplement pour savoir, une bonne fois, si, comme le prétendaient beaucoup de mes amies, cette générosité-là est plus agréable à faire à son amant qu'à son mari. » — Eh bien ? — « Eh bien, j'ai trouvé que c'était encore plus ennuyeux ! »

La comtesse de L... se tut et je demeurai, je l'avoue, quelque temps rêveur. Car *cette histoire est absolument authentique* et, par suite, sérieusement troublante. Je me pris même à penser que les Anglaises ne sont pas les seules femmes du monde qui se permettent sur nous ces expériences *in animd vili* et que bien souvent, sans nous en douter, nous avons porté la peine d'avoir été « plus ennuyeux que le mari ».

XVIII

ADIEUX ÉTERNELS

« Mon ami,

» Avant de quitter Paris pour longtemps, pour
» toujours peut-être, il faut que nous nous re-
» voyions, non pas pour renouer une chaîne cou-
» pable, mais pour anéantir les dernières traces
» d'un passé plein de périls. Je n'ai pas eu le cou-
» rage de détruire vos lettres, et vous avez, sans
» doute, gardé les miennes. C'est un sacrifice
» qu'il faut cependant faire et que nous ferons
» ensemble. De tels souvenirs entre nos mains
» seraient un continuel danger.

» Dans la résolution qu'a prise M. Podestat, de
» se retirer à la campagne, à côté de l'effroi que
» les derniers événements lui ont causé, je de-
» vine une jalousie profonde à mon endroit. Rien
» ne m'ôtera de l'idée qu'il a des soupçons. —

» Depuis deux mois que nous sommes absents, il
» me parle constamment de vous ; il feint pour
» vous une affection dans laquelle je redoute un
» piège. Choisissez donc, avec un soin tout parti-
» culier, le lieu de notre dernier rendez-vous.
» Je m'y rendrai moi-même avec toutes les pré-
» cautions possibles. Nous sommes arrivés d'hier,
» et nous sommes ici pour trois jours. Répondez-
» moi donc par la petite correspondance du
» *Figaro,* sous les signes *P. L. M.*, et dans le plus
» bref délai.

» Mon pauvre Octave ! Mon cœur se brise pen-
» dant que ma main trace ces lignes. Mais il est
» temps que l'honneur seul dicte ma conduite…
» Hélas ! ce sont des adieux éternels que demain,
» peut-être, te dira

» Celle qui t'aimera toujours,

» Emma. »

» 15 juillet 1871. »

Deux jours après, tous les gens bien pensants du monde entier pouvaient lire, au petit jour, ce document plein d'intérêt :

P. L. M. Papillon 13 *dem. gust. trois h.*

Et le lendemain de ces deux jours, un jeune homme, de bonne figure, ma foi! attendait mélancoliquement, à trois heures de l'après-midi, dans une chambre meublée de la rue Papillon, sise sur le derrière d'une maison d'un aspect particulièrement morne.

C'était pendant la guerre, et à la faveur du siège de Paris, que M. Octave de Saint-Nitou avait noué avec Mme Podestat les plus charmantes relations du monde. Son bel uniforme de je ne sais plus quel corps franc avait rapidement vaincu l'impressionnable Emma.

M. Podestat, qui n'avait pas manqué une seule garde aux remparts, n'avait pas eu précisément à se louer de cette exactitude patriotique. Octave lui avait d'ailleurs été présenté, et il avait pris grand plaisir à causer stratégie avec lui. C'était une compensation. M. Podestat avait fermement cru au plan Trochu et affirmait même connaître le notaire qui en avait la minute. Octave avait le bon goût de ne pas le contrarier, tout en étant du parti de l'action, auprès d'Emma particulièrement.

A l'armistice, le soldat-citoyen avait déposé son armure et emmené sa femme en Touraine pour se refaire des jeûnes du blocus, et Octave était resté à Paris, en curieux des choses étranges qui s'y passaient. Emma et lui avaient échangé d'innombrables lettres.

Puis la correspondance s'était un peu ralentie. Enfin l'épître relatée plus haut semblait devoir servir de titre à l'épilogue de ce rapide poème.

Il était donc tout rêveur dans la chambre froide, au mobilier banal, qui allait servir de tombe à ces amours légères ; une de ces chambres d'hôtel avec les garnitures de cheminée sous des globes, dont les murs suent je ne sais quel parfum d'humidité et de solitude, et qu'il avait choisie dans le coin le plus sombre et le plus reculé de la maison. Et là, à demi étendu sur le canapé de damas rouge et effrangé qui constituait toute l'élégance de ce réduit, il regardait tristement accourir la foule de ses souvenirs au convoi de sa passion morte. Comme dans le public de tous les enterrements, il y en avait de joyeux qui mêlaient, malgré lui, un sourire à ses larmes.

Un frôlement de robe dans le couloir et un

coup discret frappé par une main gantée l'arrachèrent soudain à cette méditation.

Emma était là... Emma dont le beau ciel de la Touraine avait duveté la peau d'une fraîcheur nouvelle et dont le changement de régime avait modelé les formes en relief d'une fort agréable façon.

Vous connaissez comme moi le menu des adieux « éternels ».

Des pleurs d'abord, un peu de conversation, des baisers ensuite. C'est réglé comme un dîner de littérateurs, à prix fixe. Mais c'est plus amusant.

On jure d'abord de ne plus se revoir jamais. Potage à l'honneur ou au remords. Puis quelques hors-d'œuvre variés, tels que serrements de main et enlacements de taille. Les entrées sont remises à un peu plus tard et on passe de suite au rôti, qui est flanqué d'attendrissements énormes. La salade est assaisonnée d'hésitations et d'espérances vagues. Toutes les joyeusetés des désirs nouveaux sont apportées sur les assiettes à dessert.

Ah ! le dessert !... toujours le même aussi... mais bien agréable. Les émotions usent vite.

Il faut une belle santé pour dire tous les jours des « adieux éternels ».

Octave et Emma en étaient arrivés à la fin du repas. Les lettres, les chères lettres avaient été relues en commun et réunies dans un même paquet. Il n'était déjà plus bien sûr qu'on ne se reverrait jamais, mais il était toujours prudent d'arracher à la jalousie d'un mari ces documents précieux. On serait plus malins à l'avenir. On se parlerait le langage des fleurs, on inventerait un télégraphe, on causerait en zanzibar.

Et voilà pourquoi, fermes dans leur résolution, les deux amants préparaient en silence un véritable autodafé. Une bougie fut allumée par Octave; puis, du bout de ses doigts roses, Emma tendit à la flamme un des coins du précieux papier et quand le feu eut commencé à l'entamer, tandis qu'il en montait une gerbe d'étincelles, jeta le tout dans la cheminée dont Octave venait d'enlever le devant aux horribles enluminures.

L'heure du dessert avait sonné. Pendant que le

papier embrasé se recroquevillait lentement, faisant reparaître l'écriture en rouge sur un fond de poussière noire, Octave et Emma s'étaient rapprochés dans un élan commun de tendresse posthume. La jeune femme, à moitié renversée sur l'affreux canapé de damas rouge, repoussait nonchalamment de sa bouche et d'une main sans colère la bouche ardente de son amant, qui, à genoux devant elle, la suppliait. Une fois encore l'honneur de M. Podestat allait recevoir une brèche, quand un coup de feu suivi de plusieurs autres et tirés là, à deux pas, dans la chambre même, interrompit l'extase des deux coupables. Les rideaux étaient tirés, il faisait noir dans la pièce : la bougie ne brûlait plus... Une terreur indicible s'empara d'eux. Le mari était là, un revolver à la main, sans doute, tirant dans le tas, massacrant au hasard... Et pan ! pan ! pan ! la mousqueterie continuait, pendant qu'Emma, évanouie, était tombée à terre et qu'Octave criait : « Grâce ! » sous le canapé.

Le silence succéda à ce feu de peloton.

Mais il ne dura pas longtemps. On accourait de tous côtés en criant : « Au secours ! » dans toute la maison ; on enfonçait la porte. Maître de l'hôtel, domestiques et voisins envahissaient le lieu du crime. Emma revint à elle pendant le vacarme. Son premier mot fut : « Pardon ! » Quand Octave voulut se relever, il éprouva une douleur épouvantable et poussa un cri. Un projectile l'avait atteint, plus bas que les reins, en plein muscle. Cependant on cherchait partout l'auteur de ce carnage ; rien, absolument rien !... pas plus de M. Podestat que sur la main. Alors on fouilla la chambre. Tout à coup, en regardant dans la cheminée, quatre ou cinq douilles de cartouches encore fumantes attirèrent l'attention. On se rappela que, quelques semaines auparavant, au moment de l'entrée des troupes de Versailles dans Paris, des combattants de la Commune avaient occupé cette chambre. On devina alors qu'avant de la quitter ils avaient dissimulé une partie de leurs munitions en les glissant entre les pierres de la cheminée, plus haut que l'ouverture de celle-ci. Les lettres enflammées y avaient mis le feu, et le pauvre Octave, qui tournait le dos à cette mitrailleuse improvisée, en avait reçu un des projectiles perdus.

On étouffa l'affaire et Mme Podestat put enfin rentrer chez elle, sans nouvelle encontre ; mais

Octave, qui ne pouvait pas marcher, dut demeurer dans l'hôtel.

Quatre jours après, on essaya cependant de le transporter chez lui.

Pendant le trajet, un homme s'avança tout à coup, qui, le prenant dans ses bras :

— Octave !

C'était M. Podestat, ce bon M. Podestat qui le mouillait de ses larmes.

— Chez moi ! chez moi ! conduisez monsieur chez moi, disait-il, ma femme le soignera.

Et voilà comment M. de Saint-Nitou se trouva tout à coup choyé et dorloté dans la maison de l'homme qu'il avait le plus mortellement offensé. Il avait bien fallu imaginer, pour le mari, une histoire. Ma foi ! Octave avait raconté que, pendant la dernière lutte, il avait reçu, pour la défense de l'ordre, cette blessure glorieuse. M. Podestat avait pris des notes en l'écoutant.

Un jour, le brave homme rentra plus joyeux encore que de coutume.

— Embrassez-moi ! Octave ! dit-il en ouvrant ses bras.

Octave obéit, et, pendant cette étreinte, M. Podestat lui mit à la boutonnière de sa robe de chambre de malade la médaille militaire.

— Je l'ai demandée pour vous, dit-il, et je l'ai obtenue. J'ai conté au ministre votre conduite héroïque !

Octave eut un moment de remords et de honte en voyant ce modèle des cocus, ce cornard grandiose lui mettre sur le sein gauche le petit ruban jaune.

— Vous le méritiez mieux que moi ! s'écria-t-il dans son trouble.

— Non, mon ami, reprit sentencieusement Podestat Sganarelle — le vert est le symbole de la jeunesse et de l'espérance.

Et il montrait le liseré du ruban.

Voilà comment Podestat n'ayant plus voulu se séparer de son jeune ami, l'ayant emmené à la campagne, les « adieux » d'Octave et d'Emma durent encore. Avouons qu'ils méritent bien le nom « d'adieux éternels ».

XIX

LE BRACELET D'OLYMPE

S'il en faut croire les romanciers d'aujourd'hui, la cocotte est exclusivement un de ces produits charmants, fragiles, tout en décor, sans vraie valeur, faits surtout pour l'amusement, qu'on appelle, d'une façon générale, *articles-Paris*. Dans la flore humaine, elle figure parmi ces plantes étranges qui ne s'épanouissent que dans l'atmosphère frelatée de la serre immense où les plus belles choses poussent sur le fumier. Un philosophe a écrit que la femme était une maladie de l'homme. La cocotte serait une épidémie du Parisien.

Il y a du vrai dans cette façon de voir, mais tout n'y est pas vrai. La cocotte existe aussi en province, dans quelques grandes villes, à Marseille, à Bordeaux, à Toulon, à Lyon. Elle y existe à l'état de reflet, de copie, d'écho, avec quelques traits pourtant suffisamment particuliers pour qu'il m'amuse d'en crayonner une rapide silhouette, à titre de curiosité physiologique et littéraire, par un sentiment de justice pour une oubliée de la chronique contemporaine.

Quelques indications générales d'abord.

— La cocotte de province est toujours entretenue. La quotité de son traitement est une des graves questions qui se discutent dans les cercles entre deux parties de rams. Quant au monsieur qui lui constitue cette rente intéressée, il est l'objet d'un mélange d'admiration et de pitié. La jeunesse dorée des préfectures conçoit, en effet, la grande vie, en amour, sous une forme infiniment moins raffinée. L'avis général est que ce nabab veut tout simplement faire du genre. L'idée qu'il est vraiment épris ne vient à personne.

Son caractère distinctif à lui, c'est une jalousie extraordinaire. Ne pouvant se produire qu'indirectement en public avec sa victime, il trouve mille moyens pour l'observer cependant visiblement en toutes circonstances. C'est lui qui marche à deux pas derrière elle, une cigarette à la bouche, quand elle va dans les magasins. Il lui fait vingt visites par jour, et, le soir, au café-concert qui, presque partout maintenant, a substitué ses inepties aux plaisirs du théâtre, c'est lui qui, à la table voisine de la sienne, lui fait offrir des consommations par la marchande de bouquets. Tous ces petits manèges ont l'air inspirés par le double et contradictoire désir de ne pas se compromettre et d'être vu cependant de tout le monde.

Le résultat de cette tyrannie est une véritable monstruosité : la cocotte de province est généralement fidèle !

La pauvre fille craint pour sa position.

Et maintenant, procédons du général au particulier, comme le prescrit Descartes.

Mlle Olympe occupait, il y a deux ans, un rang distingué dans la classe sociale que je viens de définir. C'était, s'il vous plaît, à Bordeaux, à moins que vous n'aimiez mieux que ce soit à Toulouse ou encore à Montpellier. Grande, bien faite, très soucieuse de sa tenue, pleine de dédain pour ses collègues, elle faisait le plus grand honneur à M. le comte d'Oppodendoc, son amant. Celui-ci était d'ailleurs, de tous points, conforme au modèle tracé plus haut, n'ayant d'autres fonctions que celles de gardien d'une vertu qui paraissait, d'ailleurs, au-dessus de toutes les compétitions vulgaires. Un seul de ses compatriotes, un seul, le petit Roustignac, fils d'un très riche drapier, et qui haïssait la noblesse, osait caresser le projet de faire trébucher cette fidélité reconnue. Il n'osait pas parler à Olympe ; mais il lui avait adressé, par Tortillard, le commissionnaire *ad hoc,* quelques demi-livres de sonnets qui avaient été bien accueillis. Car la belle était une personne lettrée, et Paul de Kock n'avait pas de mystères pour elle, bien qu'elle le trouvât quelquefois « mal embouché ». Cette cour académique aurait pu, d'ailleurs, durer longtemps et rien ne prouve que M. d'Oppodendoc n'en eût pas été secrètement flatté. Mais Roustignac guettait une occasion plus substantielle, et les instincts économiques de son heureux rival la firent naître enfin. Toute la ville sut, en effet, que le marquis avait refusé à Olympe un bracelet de cinquante louis dont elle avait une furieuse envie.

Le même jour, Roustignac avait déposé son plan chez le notaire de sa famille.

Chose étrange ! Olympe n'avait témoigné qu'une courte mauvaise humeur. La pauvre fille avait d'ailleurs bien d'autres soucis en tête que le refus d'un bijou. Sa tante, sa vénérable tante, qui l'avait élevée, était atteinte d'une maladie incurable. Il allait falloir qu'elle partît pour Paris. Car Olympe se disait Parisienne, pour justifier de son bel accent bas-normand dans le midi de la France. Les nouvelles étant de plus en plus mauvaises, le marquis lui-même, qui aimait à voir à sa maîtresse des sentiments de famille, l'engagea à prendre le train. Il ne la conduisit pas à la gare à cause de sa position, mais il monta sur une colline pour lui faire, avec son mouchoir, des signaux qu'on aperçut de deux lieues à la ronde.

Coïncidence bizarre ! Roustignac était dans le convoi.

J'avais envie de tracer ici quelques lignes de points, mais on y aurait peut-être vu malice.

Olympe et Roustignac avaient-ils rendez-vous à Paris ? Je le crois, pour ma part. S'y retrouvèrent-ils ? C'est certain. Olympe manqua-t-elle à tous ses devoirs ? N'en doutez pas. Quand et comment? Vous êtes trop curieux. Peu ou beaucoup? Allez vous faire lanlaire. Toujours est-il que huit jours passèrent pendant lesquels sa tante n'alla pas mieux. Puis, une réaction favorable à la santé de la vieille se fit à la suite d'un lavement. Enfin, Olympe put revenir. Elle avait reçu de Roustignac un bracelet de cent louis.

Or, Roustignac, que l'amour-propre guidait bien plus que l'amour, s'était dit qu'elle n'aurait pas le courage de cacher longtemps ce superbe bijou, que bientôt toute la ville l'aurait vu, qu'Oppodendoc lui-même l'aurait enfin aperçu le dernier, qu'il y aurait entre les deux amants une scène effroyable et que lui, Roustignac, ferait une rentrée triomplale avec la renommée d'un séducteur auprès de qui Almaviva et don Juan n'étaient que de petits enfants mal mouchés.

Pauvre Roustignac !

Quand Olympe tomba dans les bras du marquis, avec toutes les expansions du retour, la première chose qui frappa les regards d'Oppodendoc, ce fut le lourd anneau qu'elle portait triomphalement. Il fronça terriblement les sourcils, mais elle ne lui laissa pas le temps d'interroger :

— N'est-ce pas qu'il est beau ? lui dit-elle.

— M'expliquerez-vous, madame ?...

— Oh ! mon Dieu ! mais c'est simple comme tout. En arrivant chez ma pauvre tante, comme je cherchais dans le tiroir de sa table de nuit, je ne sais plus quel médicament, j'y vis, par hasard, un billet de la loterie de l'Exposition. Elle me le donna. J'eus la curiosité d'acheter la liste des numéros gagnants deux jours après. Vlan ! le numéro était justement sorti. Ah ! il m'en a fallu faire des pas et des démarches. Enfin ! ces filous-là ont fini par me délivrer mon lot et le voilà.

— Ça ne me surprend pas, répondit le marquis. J'ai remarqué que tu avais une chance infernale au loto.

Et le soir, au cercle, dans les cafés, partout, il ne fut question que du bonheur d'Olympe qui, avec un numéro trouvé, avait gagné un bracelet de cent louis.

— De vous à moi, dit cependant le commandant Laripète à son voisin de jacquet, je ne crois pas à cette histoire. Oppodendoc est un homme faible, — il a une maîtresse ! — Après lui avoir refusé un bijou beaucoup moins beau que celui-ci, il vient d'être obligé de faire amende honorable, et, comme il en est honteux, il a imaginé cette fable-là.

L'avis du commandant Laripète fut trouvé très fin par tous ceux à qui il fut communiqué, et devint bientôt l'avis général. Il en résulta un redoublement d'étonnement à l'endroit de la générosité du marquis. Sa magnificence et sa galanterie devinrent proverbiales.

Cependant, Roustignac, jugeant que l'effet médité par lui devait s'être produit, se décida à revenir de Paris. Il s'était fait habiller chez un faiseur en renom, et c'est une rose à la boutonnière, le chapeau sur l'oreille et l'air vainqueur, qu'il effectua sa rentrée.

Son premier soin fut de s'enquérir des bruits publics. Il apprit ainsi qu'Oppodendoc venait de payer à sa maîtresse un magnifique joyau, et qu'il y avait entre eux redoublement de tendresse.

— Voilà qui est un peu fort! se dit Roustignac.

Mais comment rectifier les faits? La légende paraissait inexpugnable. Il fut d'une colère qui aurait étonné les dindons eux-mêmes et scandalisé M. Veuillot.

Ne s'avisa-t-il pas de faire des signes d'intelligence à Olympe, un jour, sur le mail !

Celle-ci y répondit en détournant la tête avec un air de mépris qui n'échappa à personne et qui fit dire partout :

— Après tout, cette fille est sage et digne de l'amour d'un galant homme.

Cette dernière remarque acheva de lui faire perdre l'esprit. Il conçut alors le projet odieux et ridicule d'aller tout dire au marquis, sous prétexte de ne pas le laisser s'abuser sur le compte d'une drôlesse.

Aux premiers mots, celui-ci le flanqua à la porte.

La situation du pauvre petit héritier des drapiers devint insoutenable dans la ville. Le commandant Laripète le traita, un soir, de menteur, en plein café. Il regimba, et le commandant lui donna le lendemain un grand coup d'épée dans le ventre. Il dut prendre le parti d'aller vivre ailleurs.

Et Olympe?

Eh bien, on dit tout bas qu'il se pourrait bien que M. le marquis finît par l'épouser

Dites donc, après cela, que les cocottes de province ne sont pas aussi fortes que celles de Paris.

Moi, je n'ai jamais cru que le verger dans lequel Ève mordit à la première pomme fût dans l'enceinte des fortifications.

XX

LA CACHETTE DU DOCTEUR

C'était un malin, le docteur Grenette, et un homme connaissant joliment son métier. Je ne prétends pas insinuer par là qu'il fût capable de guérir aucune maladie, mais bien qu'il possédait, comme pas un, l'art de duper cette bonne bête de public qui fournit des gogos à la finance et à la Faculté des clients. Ayant remarqué que jamais aucun de ses confrères n'avait rien entendu aux maladies dites nerveuses par l'excellente raison que les médecins appellent nerveuses toutes les maladies auxquelles ils n'entendent rien, c'est au traitement de celles-ci qu'il s'était consacré, se disant avec raison qu'on n'en veut jamais à un homme d'avoir les doigts noirs quand il fouille dans la bouteille à l'encre. Seulement le docteur Grenette avait eu une idée qui pourrait bien passer pour une idée de génie. Entre deux tentures d'une des cloisons du salon où les visiteurs attendaient leur tour, il avait fait pratiquer une cachette dont personne, pas même sa femme, ne connaissait l'existence et qui communiquait par un escalier mystérieux avec son cabinet de consultations. Il avait payé fort cher l'architecte qui lui avait construit ce *buen retiro* et son chemin caché ; mais il en tirait un si bon parti qu'il n'avait vraiment pas lieu de regretter son argent.

Je vous ai fait comprendre qu'il était marié. Il avait épousé en province une jeune orpheline de bonne maison qui sortait à peine du couvent. Le tuteur de Mlle Célestine de Château-Bayard avait été ravi de s'en débarrasser honorablement et en faveur d'un praticien d'avenir. Qu'était cette jeune fille ? — Mon Dieu, une jeune fille comme beaucoup d'autres, une énigme vivante et passablement agréable. — De taille moyenne, mais bien prise ; châtaine, mais avec une chevelure changeante où coulaient des teintes ambrées exquises et où brillaient des fils d'or clair ; ayant les yeux d'un vert pâle et constellés de paillettes, un nez correct, une bouche un peu grande, mais meublée de dents charmantes, des fossettes au menton, sur les mains et ailleurs encore, c'était, au demeurant, une appétissante créature et faite pour donner de mauvais désirs aux personnes naturellement incontinentes. De son propre esprit, je ne vous parlerai pas, bien qu'elle fût loin d'être bête... Aimait-elle son mari? Elle n'en savait absolument rien elle-même et vous ne le saurez que tout à l'heure. Elle avait été enchantée de quitter l'austère maison où des béguines semblaient toujours marcher sur leurs bas, et la monotone avenue de tilleuls sous laquelle on ne pouvait se promener que trois à trois. Dans ce méchant souvenir était le plus clair de son affection pour son époux.

Quant à celui-ci, il avait son plan en choisissant cette grue avenante. Mme Grenette jouait, en effet, sans s'en douter aucunement, un rôle important dans la petite comédie médicale dont vivait le docteur. Car il est temps que je vous révèle le concept ingénieux qu'avait eu cet homme de science pour se faire une rapide et copieuse renommée.

— Mignonne, avait-il dit à sa femme quelques jours à peine après leur légitime union, je t'ai élue, entre toutes, pour faire l'ornement d'un salon qui doit être, avant tout, un salon de bonne compagnie. Ceux de la plupart de mes confrères sont de véritables vestibules où le client qui attend la consultation s'ennuie à mourir entre un vieux numéro de la *Nouvelle Revue* et un album de vues Pyrénéennes. Il n'en sera pas ainsi chez moi. Ma spécialité me permet de ne recevoir que des personnes ayant des conversations décentes et des infirmités avouables. En attendant que vienne leur tour, tu leur feras les honneurs de mon toit, en maîtresse de maison qui connaît ses devoirs. Tu les engageras à s'asseoir et tu commenceras un bout de causerie. Fais semblant de t'intéresser beaucoup à leur état. Les malades aiment ça. Ils te donneront un tas de détails ennuyeux sur leurs souffrances. Mais fais comme moi et, tout en feignant d'écouter, pense à autre chose. Seulement ne va pas répondre des : Tant mieux ! ou des : Dieu soit loué ! mal à propos. Garde un air triste et lâche, toutes les cinq minutes, un : C'est étonnant ! ou un : Que je vous plains ! ou encore un : Ça ne sera rien : Tu m'as bien compris !

— A merveille, mon ami, avait répondu la docile épouse.

Et elle faisait comme elle l'avait promis. Entre chaque client et elle, avaient lieu, chaque jour, des dialogues dans le genre de celui-ci :

— Vous paraissez bien souffrant, monsieur !

— En effet, madame, imaginez que voilà cinq nuits que je n'ai dormi ! Ça me tient à l'épaule gauche. Chose singulière : si je m'assoupis, je rêve chat.

— C'est étonnant.

— Mais ma douleur à l'épaule n'est rien. Ce qui est absolument insupportable, ce sont ces picotements que j'ai dans le nez. C'est absolument comme si on en fourrait le bout dans une fourmilière. Ça me grimpe dans les narines. Je voudrais éternuer : va te faire... excusez, madame. Ça monte et ça descend.

— Que je vous plains !

— Autre particularité. Quand je suis dans ces états-là, je ne peux pas supporter la couleur violette. La vue d'un évêque me fait évanouir. J'ai envie de le mordre et il me vient dans la tête des articles de M. Sarcey.

— Ça ne sera rien.

Or savez-vous ce qui se passait pendant ce temps-là ? Blotti dans sa cachette, M. Grenette ne perdait pas un mot de cet entretien. Un instant après, le malade, mandé par une sonnerie électrique, était admis dans son cabinet. Il le contemplait un instant, d'un air profond, lui tâtait le pouls, lui regardait la langue (il n'y a pas de médecine sans ça) et d'un ton doctoral:

— Je vois votre cas. Vous souffrez de l'épaule gauche, vous rêvez chat, le nez vous picote, et la vue d'un dignitaire de l'Église vous met en fureur.

Le malade, interloqué par l'exactitude profonde de ce diagnostic, demeurait en contemplation véhémente, abasourdi par la science divinatoire de ce fils d'Esculape.

Le coup était porté.

M. Grenette lui prescrivait un tas de babioles pharmaceutiques, aussi efficaces que les cautères sur les jambes de bois.

Le client continuait à souffrir comme un beau

diable. Mais il n'en restait pas moins plein d'admiration pour le talent de ce praticien merveilleux, et communiquait à ses voisins la foi qui transporte les montagnes, mais ne guérit pas les lumbagos.

Ce n'était pas plus malin que ça.

Or, il advint qu'un jour, un jeune homme de belle mine, ayant les apparences sanitaires du Pont-Neuf, fit son entrée dans le salon d'attente et varia quelque peu le formulaire rédigé par ses devanciers.

— Vous paraissez bien souffrant, monsieur, lui dit la dame, fidèle à son programme.

— En effet, madame, répondit notre ami Jacques, — car c'était lui, — je souffre énormément (et il mit la main sur son cœur). Depuis que j'eus l'honneur de vous rencontrer au bal masqué du docteur Lafoirasse, je suis comme une âme en peine. Je pense à vous jour et nuit et je me dis que, pour une heure passée auprès de vous, je donnerais tout ce qui me reviendra du vieil oncle riche que j'ai à Pont-à-Mousson.

— C'est étonnant ! dit de l'air le plus gracieusement naïf Mme Grenette.

— Vous ne savez pas ce que c'est que l'amour, madame. C'est une torture délicieuse et terrible à la fois, un martyre charmant et cruel. Absente, je vous vois et je vous entends, je m'enivre de votre parole et de vos regards. Je me sens à vous comme le chien à son maître. Baiser seulement le bout de vos doigts ou même le bas de votre robe, me ruer dans les supplices pour vous plaire, oublier le monde entier pour me consacrer à vous servir, voilà les rêves, coupables peut-être, mais invinciblement obsesseurs dont je suis possédé.

— Que je vous plains ! interrompit Célestine visiblement émue.

— Ah ! si vous le vouliez, dès demain, à l'heure où votre mari va exécuter quelques indigents à l'hôpital, vous fuiriez clandestinement votre demeure et vous viendriez passer quelques instants avec moi dans ma modeste chambre de célibataire, rue d'Aumale, 27. Vous ne répondez pas ? Savez-vous que j'ai la tête en feu, que le cœur me brûle, que je suis prêt à me porter contre moi-même aux plus féroces extrémités ?

— Ça ne sera rien, monsieur ; j'irai ! dit le plus

naturellement du monde l'innocente conjointe du docteur.

— Oh! merci! Vous êtes un ange! A demain neuf heures!

Un formidable coup de sonnette électrique retentit. L'ami Jacques dut se rendre au cabinet de consultation.

Le docteur l'y attendait, pâle comme un mort de ce qu'il venait d'entendre, mais dissimulant sa colère. Car il ne pouvait éclater qu'en trahissant son secret. Une idée de vengeance infernale avait d'ailleurs immédiatement germé dans son cerveau.

— Monsieur, dit-il à Jacques fort sèchement après un rapide examen, votre état est des plus graves.

— Bah! fit celui-ci très surpris de cette révélation.

— Vous en avez juste pour vingt-quatre heures à vivre si vous ne prenez consciencieusement demain, à huit heures, la potion que je vais vous commander.

Jacques, à son tour, était devenu blanc comme

un linge. Le docteur se mit à sa table et, d'une main tremblante de fureur, il rédigea une petite ordonnance qui devait parer à tout fâcheux événement. C'était, dans son idée, une purgation avec laquelle ont eût vidé en cinq minutes le ventre d'un éléphant.

— Nous verrons un peu comment tu feras le galant après! se disait-il en écrivant nerveusement. Et il ajouta : — Revenez me voir après-demain.

Jacques, muni du précieux papier, salua et sortit. Il se rendit immédiatement chez le pharmacien Lapoupine, qui était le meilleur de son quartier.

M. Lapoupine était un apothicaire extraordinairement prudent. Quand un des médecins qui lui envoyaient des clients prescrivait une bêtise, M. Lapoupine se gardait bien de faire ressortir cette ânerie, ce qui eût indisposé le prince de la science. Avec un sérieux de bourrique aux champs, il confectionnait de belles fioles d'eau claire ou de jolies petites pilules de mie de pain, se disant en soi-même : Ça ne fera aucun mal et il n'y a aucun danger que le porteur d'eau ou le boulanger m'assignent en contrefaçon.

A peine eut-il lu sur l'ordonnance de M. Grenette : « 600 grammes de calomel dans 200 grammes d'eau » qu'il recourut à son procédé ordinaire — car il y avait vraiment de quoi tuer plusieurs chevaux et leurs cavaliers. — Il remplaça le calomel par un peu de sucre candi et, pour que l'ami Jacques ne s'aperçût de rien, il lui fit payer ce sirop 12 fr. 50.

Vous devinez le reste.

Jacques ne fut pas purgé ; — au contraire, ce breuvage innocent le mit en heureuses dispositions. Le rendez-vous eut lieu, et il s'y comporta en gentleman accompli. Mme Grenette fut charmée de la séance. Rentrée chez elle, elle ne comprit rien aux airs sinistrement narquois de son mari, qui se trouvait toujours dans la ridicule situation de ne pouvoir se fâcher.

Quand Jacques vint le trouver le lendemain, le médecin plongea, du premier coup d'œil, dans le fond de son âme.

— Eh bien ? lui fit-il inquiet.

— Eh bien, docteur, vous n'imaginez pas combien je me suis trouvé à ravir de votre remède. J'ai été d'une vigueur toute la journée !...

M. Grenette était ahuri.

Il n'était pas que cela.

Tant mieux ! Il convient que le ciel punisse quelquefois les charlatans !

XXI

MONSIEUR ET BÉBÉ

« Mon pauvre Bébé,

» Enfoncée, notre friture à Suresnes ! *Monsieur* ne s'avise-t-il pas de m'écrire qu'il viendra me demander à dîner ce soir ?... Un tête-à-tête avec ce vieux singe ! tu vois ça d'ici ? ou plutôt je ne veux pas que tu le voies. Ah ! mon ami, qu'une femme qui est obligée d'attendre pour vivre après de pareils goujats est malheureuse ! Toi, mon Bébé, tu penseras bien à ta Nini, n'est-ce pas ? Mais ne mange pas de goujons sans elle.

» Ça me ferait trop de mal ! Tu sais, les goujons, c'est un de nos souvenirs ! Viens demain de bonne heure... Dis, tu veux bien ? Je t'embrasse follement comme je t'aime !

» Ta Nini pour la vie. »

— Ah! mais ce *Monsieur* commence à m'embêter, et il faut que ça finisse! dit *Bébé,* en froissant cette lettre avec colère.

Bébé! vous le voyez d'ici : un grand garçon de vingt-deux ans, avec une abondante et soyeuse chevelure, de grands yeux d'un vert de mer et de petites moustaches naissantes, aux crocs à peine ouverts en hameçon; mis avec recherche et portant une cravate aux chatoiements audacieux. Eh bien! vous avez de la chance, si vous le voyez ainsi! Moi qui le connais, je vous dirai que c'est un gros, court et rougeaud, qui vient de passer la cinquantaine, d'un joli débraillé dans sa tenue, l'œil émerillonné mais entouré de rides ; avec une bouche sensuelle, mais bordée d'un arc grisonnant, n'ayant jamais dû être ni beau ni distingué, ne l'étant pas devenu avec le temps, et que vous et moi trouverions abominable.

Pourtant, je vous jure, *Bébé* était aimé pour lui-même.

Ah! ne criez pas à l'invraisemblance! Il n'est pas nécessaire de ressembler à un héros de roman pour jouer ce rôle aimable dans la vie d'une fille légère. Il suffit le plus souvent de l'avoir amusée endant une heure, qu'elle vous croie sans le sou, et surtout qu'un autre ait l'idée fâcheuse de l'entretenir. Une de ces dames a fort bien exprimé la chose dans une chanson qui mériterait d'être populaire, et dans laquelle elle raconte comment l'auteur de tous ses maux l'avait charmée :

> Un soir, au bord de l'eau,
> Pour faire ma conquête,
> Il a pris mon chapeau
> Et l'a mis sur sa tête ;
> Puis après, en jetant
> Un ch'veu dans la salade,
> Il m'a fait rire tant
> Que j'en étais malade.

Comment résister, en effet, aux traits d'un esprit aussi délicat ?

Et c'est à peu près comme cela que M. Jérôme Bonardel avait ravi le cœur de Mlle Léonie de Saint-Cucufa (Ursule Boudin avant les lettres de noblesse), un jour, à la Grenouillère, entre deux plongeons. Un homme à principes, ce M. Bonardel. Doué d'une bonne vingtaine de mille livres de rente, il avait pour maxime qu'un homme qui paye la femme en est rapidement méprisé, opinion qui est digne d'un véritable observateur. Il avait conclu de cet axiome que le mieux était de ne lui jamais parler de sa fortune, mais de faire le galant avec elle, comme un homme qui n'a pas d'autre monnaie à lui offrir que sa belle humeur et le charme de sa société. Comme il possédait à un haut point le genre de bagou que les femmes d'éducation médiocre appelent de l'esprit, il parvenait généralement à plaire et était devenu à la mode. Une femme distinguée de *Bébé* n'était pas fière à demi. Pas un ne s'entendait mieux que lui aux parties de campagne. Il fallait le voir danser, une rose à la boutonnière, dans les bastringues villageois. Renommé, avec cela, pour son esquise délicatesse. Car jamais il n'avait souffert que sa connaissance payât le dîner ou le vestiaire. Je n'affirmerais pas qu'il n'eût encore été aimé davantage s'il eut perdu ce dernier préjugé. Mais, que voulez-vous ? L'homme n'est pas parfait.

C'était, en somme, une belle existence que celle de M. Jérôme Bonardel, veuf depuis une vingtaine d'années et n'ayant pour famille qu'un neveu qu'il avait assez médiocrement élevé, mais qui n'en était pas moins devenu un garçon très comme il faut. Trop comme il faut. Car, dans ce jeune homme, grave, à vingt-quatre ans, comme un sénateur, correct dans ses moindres actions comme un notaire, l'air protecteur auprès des femmes, *Bébé* avait bien de la peine à reconnaître son sang, son vieux sang d'Argenteuil pétillant comme du vin clairet.

Depuis plusieurs années, d'ailleurs, le faux Hippolyte ne vivait plus avec son pseudo-Thésée d'oncle.

Eh bien, comme on a raison de dire que l'homme n'est jamais content de sa destinée ! Après s'être moqué de *Monsieur,* deux années durant, avec cette farceuse de Léonie, *Bébé* commençait à sentir une aversion épouvantable pour ce gêneur qui se mettait sans cesse en travers de ses projets amoureux ou bucoliques.

Il méditait de s'en débarrasser et d'occuper la place à lui tout seul, en sa qualité de fonctionnaire officiel. Il y avait déjà quelque temps que cette idée saugrenue le tracassait. La lettre citée plus haut mit un terme à ses hésitations et voici comment il y répondit :

« Ma chère Nini,

» J'ai une bonne nouvelle à te donner. Je viens d'hériter. Désormais, je puis t'avoir à moi seul et suffire à tout. Puisque tu seras chez toi, ce soir, je viendrai à neuf heures t'apporter le premier trimestre de la pension que j'entends te faire, et assister à l'expulsion de ce *Monsieur* dont les exigences devenaient intolérables et incompatibles avec ma dignité.

» Ton *Bébé* pour l'éternité. »

Ce petit mot jeté à la poste, M. Jérôme Bonardel chercha dans le plus profond tiroir de son secrétaire le reçu provisoire d'un certain nombre de titres qu'il avait déposés, il y avait deux ans environ, au *Crédit Mâconnais*, et dont il avait négligé depuis ce temps de se faire adresser le récépissé définitif, gardant, comme il le disait, cette poire pour la soif. — Une poire d'une centaine de mille francs, ce qui est un prix pour une poire, même chez Chevet. — Muni de ce bout de papier, il s'en fut trouver son vieil ami Boniface, chef du bureau des titres au *Crédit Mâconnais* :

— Quel bon vent t'amène ? lui dit Boniface joyeusement.

— Ce n'est pas un vent, répondit gaiement

Bonardel, mais le désir de reprendre l'argent que j'ai ici.

— Toujours farceur !

— Comment, farceur ?

— Mais oui. Tu sais bien qus nous n'avons plus rien à toi, depuis que ton neveu est venu, de ta part, chercher le depôt que tu nous avais fait.

— Mon neveu ?

— Certainement. C'est à moi-même qu'il s'est adressé. Il m'a dit que tu avais égaré ton reçu provisoire. Comme je vous connais tous deux, je lui en ai fait délivrer un définitif à la place, et j'ai su depuis que les titres avaient été retirés le plus régulièrement du monde.

— Imbécile ! hurla M. Bonardel, exaspéré et rouge comme une pivoine.

— Tu dis, mon vieux ?

— Je dis que mon neveu est un voleur et toi le dernier des idiots. Oh ! mais ! vous êtes responsables, et cela ne se passera pas ainsi ! Ah ! le drôle a abusé de mon nom ? Ah ! tu t'es laissé dindonner comme ça. Eh bien, mes enfants, vous verrez bien si on se moque de moi !

Et ayant rabattu d'un coup de poing son chapeau sur sa tête, M. Bonardel sortit avec des attitudes menaçantes.

En gesticulant dans la rue, il faillit défoncer l'abdomen d'un monsieur qui marchait en sens inverse.

— Pardon, monsieur, lui dit le passant, est-ce que je vous ai fait quelque chose ?

— Vous m'avez regardé par-dessous la jambe, répondit Bonardel qui avait absolument perdu la tête.

— Vous vous trompez, monsieur, reprit le passant avec une modération parfaite, car l'œil que j'ai par-dessous la jambe n'y voit pas.

Bonardel se rendit à cette raison et lui fit des excuses.

— N'importe ! dit-il. Je serai chez Léonie à neuf heures... Mais comment lui avouer ?... Bah ! puisque c'est pour moi qu'elle m'aime ! il n'y aura rien de changé.

Transportons-nous, s'il vous plaît, maintenant, dans le boudoir de Mlle de Saint-Cucufa. Il est huit heures et *Monsieur* est en train de prendre le café avec elle. Or voici, tout en humant ce moka, le petit discours qu'il est en train de lui tenir :

— Ma chère Léonie, j'ai une triste confidence à vous faire, mais la loyauté me fait un devoir de ne la pas retarder. Depuis dix-huit mois que j'ai le plaisir d'être votre amant, j'ai dépensé une centaine de mille francs qui m'étaient un peu tombés du ciel. Ce n'est pas, au moins, un reproche que je vous fais, mais un fait que je constate. Or, c'était tout mon avoir, et si je vous ai demandé à venir dîner avec vous ce soir, c'était pour vous faire mes adieux, car je ne me flatte pas que vous me permettiez de revenir, maintenant que vous savez la vérité. »

Au début de cette oraison, Léonie avait fait une petite moue de désappointement, mais la conclusion si simple de ce douloureux récit lui causa une émotion plus louable. Elle se prit à regarder *Monsieur*, ce qu'elle n'avait jamais pensé à faire jusque-là, parce que les femmes se donnent rarement la peine d'analyser les traits d'un homme qu'elles considèrent uniquement comme un caissier. Elle s'aperçut qu'il était tout jeune, avait une tête charmante, de belles façons, tout ce qui peut charmer. Son parti fut pris soudainement.

— Vous me jugez mal, lui dit-elle. Plus que jamais, vous avez le droit de rester ici.

Et comme il la regardait avec une stupéfaction pleine de joie :

— Il y a un dieu pour les amoureux, lui dit-elle en l'attirant à ses côtés. Imagine-toi, mon ange, que j'attends tout à l'heure un monsieur qui vient de faire un héritage et brûle du désir de m'entretenir. Oh ! n'en sois pas jaloux ! c'est un grotesque ! Comme nous le tromperons, mon chéri ! Comme nous serons heureux !... Dis, tu veux bien, *Bébé* ?

Et *Monsieur*, promu au grade de *Bébé*, nageait positivement dans une indicible extase.

Un coup de sonnette interrompit l'idylle en beau chemin.

— C'est *Monsieur*, dit précipitamment Léonie. Attends-moi un instant.

— Déjà ! murmura innocemment le nouveau *Bébé*, pendant qu'elle sortait en lui envoyant un baiser.

C'était M. Jérôme Bonardel, en effet, qui faisait son entrée dans la pièce voisine.

— Bonjour, mon ami, lui dit Léonie avec une obséquiosité inquiétante.

— Bonjour, ma Nini adorée. Ah! si tu savais ce qui m'arrive. Enfin, comme tu m'aimes, je suis déjà consolé. Tu sais bien ce que je t'avais écrit... eh bien! mon héritage est tombé dans l'eau!

— Alors, *Monsieur*, que venez-vous faire ici? repartit Mme de Saint-Cucufa avec un air de dignité offensée.

— Ce que je viens faire, Nini?...

— Je ne puis vous recevoir, mon cher, je vous avais prévenu que *Monsieur* était là.

Et le ton dont elle disait cela avait des vibrations d'acier.

Une maison tout entière fût tombée sur la tête de Bonardel qu'il n'eût pas été plus complètement abasourdi. La colère lui vint devant cet accueil abominable.

— *Monsieur !* hurla-t-il! *Monsieur !* Eh bien, je veux le connaître, ce *Monsieur*... et nous allons bien voir.

Avant même que Léonie eût pu se jeter devant lui, il s'était élancé vers la porte du boudoir et y tombait comme une bombe.

— Mon oncle ! exclama une voix épouvantée.

Oui, mes enfants, c'était le propre neveu de M. Jérôme Bonardel qui se trouvait en sa présence, le neveu coupable qui lui avait si ingénieusement subtilisé cent mille francs pour subvenir au luxe de Mme de Saint-Cucufa, pendant que lui, Bonardel, était convaincu qu'il ne dépensait rien avec les femmes, le neveu irrespectueux qui l'avait fait poser tant de fois à la porte de sa maîtresse. L'explication fut vive, je vous l'assure.

Savez-vous ce que tous ces gens-là sont devenus ?

Mme de Saint-Cucufa a vendu chevaux et voitures pour vivre fidèle au neveu, et quand l'oncle va maintenant essayer des conquêtes économiques à la Grenouillère, les belles-petites se disent entre elles :

— Vous savez, c'est un vieux richard qui fait le pauvre. Plumez-le comme il faut.

XXII

LA CASQUETTE DE MON AMI JACQUES.

Je vous ai déjà parlé de mon ami Jacques, n'est-ce pas? et je vous ai dit comment, autrefois, on nous prenait toujours l'un pour l'autre, ce qui, vraiment, n'avait rien de déraisonnable. Nous étions, en effet, deux têtes ayant jeté le même bonnet par-dessus les mêmes moulins. Sa vie est si fort mêlée à la mienne que, lorsqu'il me rappelle quelqu'une des aventures de notre jeunesse, il me semble que je me souviens. Je pourrais donc, aussi bien, prendre la parole à sa place. Mais, comme l'existence de mon ami Jacques ne fut pas particulièrement édifiante, — dans notre adolescence, tout au moins, — j'aime mieux lui laisser la honte de vous en conter les rapides joies. C'est donc lui qui parle, pendant que je proteste vertueusement, comme un homme qui n'a plus l'âge que mon ami Jacques avait alors :

Tu te rappelles, n'est-ce pas, Nini, l'adorable blonde qui fit, durant trois années, les délices de ma couche? Petite plutôt que grande, jolie plutôt que belle, faite de fossettes et non de lignes, c'était, comme le canon des zouaves, un rien autour duquel beaucoup de charme avait été mis. Je ne sais trop ce qu'exprimaient ses yeux, mais, de l'aveu de tout le monde, ils étaient fort expressifs. Ses cheveux n'étaient ni fort longs ni fort épais, mais ils étaient tous à elle et elle les enroulait, en mince couleuvre, sur sa nuque avec beaucoup de coquetterie. Sa bouche, un peu grande, était meublée, comme une pagode indienne aux toits retroussés, du plus pur ivoire. Au demeurant, une délicieuse créature, irrégulière, si vous voulez, mais absolument exquise.

Ce n'était pas par des élans désordonnés qu'elle me prouvait son amour, mais par une jalousie féline, ce qui me paraissait alors infiniment flatteur.

Elle avait coutume de dire que, puisqu'elle

m'appartenait tout entière, il était juste que je lui appartinsse tout entier.

J'aurais pu lui objecter qu'étant à peu près deux fois plus grand et plus gros qu'elle, je faisais un marché de dupe en acceptant ce raisonnement. En bonne justice, je ne lui devais que la moitié de moi-même pour que le compte fût exact ; au point de vue de l'Équité éternelle, j'avais certainement droit à un supplément de maîtresse.

Mais je n'ai jamais aimé les chicanes ni les marchandages en matière d'amour. Je me trouvais convaincu par son sophisme, si convaincu qu'il fallait une révolution pour que je rompisse cet indigne traité.

Ne vous demandez plus, politiciens à courte vue de la réaction, à quoi servit le 4 septembre. Il servit à me faire rencontrer, dans la foule courant après les nouvelles, une des plus majestueuses beautés qu'aient contemplées des yeux mortels. Haute de cinq pieds six pouces (et on traite la femme de bipède dans les histoires naturelles !), menaçant le ciel de ses montueux appas, avec une chevelure aussi lourde que le casque de Minerve, le torse jaillissant d'un tronc superbe comme celui de Daphné, Palmyre m'apparut et je fus dompté. Elle dominait cette cohue comme font les béliers qui, dans les troupeaux, dégagent soudain leurs épaules laineuses et leur tête cornue de la masse bêlante. Je ne lui en offris pas moins de la protéger contre ces myrmidons. Elle accepta mon bras et, dix minutes après, j'étais entré dans sa vie par la porte basse des confidences. Palmyre était mariée et habitait Vincennes. Son époux, un petit gringalet assez méchant, s'absentait de deux jours l'un, durant vingt-quatre heures, pour des affaires qu'elle ne connaissait pas bien.

Je compris bien vite, au portrait qu'elle me fit de M. Trinquebille, qu'elle ne l'aimait pas. Un instant après, j'étais sûr qu'elle le tromperait avec plaisir. Dix minutes plus tard, j'avais un rendez-vous pour le lendemain. Une nuit tout entière! O juvéniles ardeurs de la vingtième année! Pour cette nuit-là, j'aurais donné dix ans de ma vieillesse incertaine, et le fauteuil que l'Académie n'a pas encore osé m'offrir !

C'est seulement rentré chez moi que je réfléchis sur la difficulté de ma situation et sur l'imprudence de ma promesse. Découcher! Et Nini qui m'avait prévenu qu'elle se tuerait si cela arrivait jamais. — Découcher! et pas une nuit seulement — trois nuits par semaine! Car je me connaissais, j'étais sûr de récidiver! Et le spectre des existences doubles, avec leur cortège de trahisons et de mensonges, m'apparaissait dans sa hideur. Mais la passion fut plus forte. Une inspiration d'en haut pouvait, seule, me tirer de cet abîme. Je fis appel à tout mon génie ; je conviendrai, sans vanité, qu'il ne me trahit pas.

J'étais alors à la recherche d'une situation sociale. Je n'avais, pour ma part, aucune ambition, mais Nini aimait les fanfreluches du fonctionnariat. Elle me rêvait avec des uniformes. Aux objections que je faisais à toutes ces misères, elle répondait qu'un traitement ne serait pas inutile à notre ménage. O femmes! que de lâchetés vous mettez au cœur de l'homme! Je me prenais aussi à penser quelquefois qu'un ordinaire somptueux peut faire oublier la liberté perdue.

La liberté! Et quel esclave est celui que son propre cœur et l'amour de la femme ont dompté!

Quand je revins le soir à la maison, je me jetai dans les bras de Nini avec une tendresse extraordinaire.

— Bonne nouvelle! m'écriai-je, je suis nommé!

— Nommé quoi?

— Inspecteur général des chemins de fer de l'Est.

Et, pour la convaincre, je tirai d'un papier bleu doublé de papier de soie une magnifique casquette galonnée que j'avais fait édifier le jour même sur le modèle le plus authentique.

La pauvre fille était éblouie.

— Ah! ce sera une rude vie! me hâtai-je d'ajouter. Trois nuits d'inspection par semaine! J'ai bien hésité.

— Tu as eu tort, mon ami.

— Oui, mais te laisser seule ainsi tous les deux soirs!

— Il faut avant tout se faire une position.

— Tu n'en profiteras pas pour me tromper, au moins?

— Tu sais bien comme je t'aime!

Et ce furent des embrassements infinis, des étreintes charmantes qu'empoisonnait pour moi l'hypocrite venin enfermé dans mon cœur.

Comme tous les irréguliers de la vie, je ne voyais guère que des bohêmes aussi crédules que Nini elle-même, en matière de position sociale. Ma maîtresse leur conta mon rapide avènement aux plus hautes fonctions administratives. Aucun d'eux n'éleva le moindre doute, ne conçut le moindre soupçon. Ce demi-monde des hommes est un peu comme le monde des contes de fées. On y ment tant à l'ordinaire que rien n'y surprend. On fêta donc ma nomination de la meilleure foi du monde.

Mon ami Cascamille but trente-deux bocks l'un sur l'autre, pour arroser ma casquette, et faillit en crever.

Cela durait depuis trois mois. Depuis trois mois, pas un encombre. Trois nuits avec Palmyre et le reste de la semaine avec Nini. Le vice a ses régularités comme la vertu.

Depuis quelques jours, cependant, j'étais inquiet.

Autrefois Nini, les soirs de départ, se contentait de me reconduire jusqu'aux marches extérieures de la gare. Elle prenait maintenant l'habitude de me suivre jusqu'à l'entrée de l'embarcadère. Les employés inférieurs qu'hypnotisait ma casquette n'avaient pas assez de saluts pour elle et la laissaient pénétrer jusqu'aux portières du wagon.

C'était d'abord affreusement gênant. J'avais, en effet, l'habitude de monter ostensiblement dans le train de Strasbourg, pour dépister tout soupçon, et de me glisser seulement à la dernière minute dans celui de Vincennes qui partait avant. Or, voilà plusieurs fois déjà que Nini semblait s'assurer, avec un soin tout particulier, de mon départ sur la grande ligne.

Le fait était certain pour moi : elle avait des soupçons.

Aussi, ayant fait le tour des plantureuses beautés de Palmyre, c'était dans la ferme intention de lui dire un éternel adieu que je m'étais embarqué, le soir funeste où s'écroulèrent d'un même coup mes dignités menteuses et mes sincères illusions.

Nous venions de dépasser la station de Bel-Air et je réfléchissais tristement à une séparation nécessaire, édifiant, à l'usage de Palmyre, les raisonnements merveilleux par lesquels on prouve aux femmes qu'on ne les a jamais mieux aimées qu'en les quittant, quand une certaine rumeur se fit autour de moi. J'entendis très exactement ces mots :

— Mais il y a un inspecteur dans le train.

En même temps, un gendarme mit la tête à la portière du compartiment où j'étais seul. Je pensai tout d'abord que ma supercherie coupable était découverte, et que j'allais attraper quelques années de galère pour usurpation de fonctions.

Mais le gendarme me salua profondément :

— Monsieur l'inspecteur, me dit-il, un employé vient de s'apercevoir qu'il se passait des choses fort anormales, pudiquement parlant, dans un des wagons de ce train. Les tourtereaux ne savent pas qu'on les a vus, et nous allons les piger comme dans un nid. Si monsieur l'inspecteur veut bien venir procéder au procès-verbal...

—Me voici, monsieur.

Et, heureux d'en être quitte pour la peur, inquiet aussi de mon inexpérience administrative, je suivis le gardien armé de la morale, de marchepied en marchepied, jusqu'à un compartiment dont les stores étaient baissés avec grand soin. Le gendarme siffla et ouvrit brusquement une portière. En même temps, un employé averti par ce signal pénétrait par l'autre dans le wagon, où retentirent deux cris en même temps.

Je ne pus m'empêcher d'en pousser un troisième.

C'était Nini que je venais de prendre en flagrant délit !

Voilà pourquoi la coquine s'assurait, avec tant de soin, que je filais sur Strasbourg !

Elle me regarda sans oser me dire un mot. Le gendarme commença l'interrogatoire.

— Votre nom ? demanda-t-il au complice de ma perfide maîtresse.

— Virgile Trinquebille, répondit à voix basse un petit homme tout honteux.

Le mari de Palmyre ! voilà le genre d'affaires qu'il cachait à sa noble compagne !

J'étais atterré devant l'abîme de perfidie et de mensonge qui s'ouvrait devant moi.

— J'en fais mon affaire, dis-je au gendarme, en lui arrachant des mains le procès-verbal que je déchirai.

Et pris d'une véritable fureur contre moi-même et contre l'humanité, j'arrachai ma casquette de ma tête, ma fatale casquette galonnée, je la jetai de toute ma force par la portière, et, m'élançant moi-même sur le talus de gazon qui bordait la voie, je m'enfuis sans savoir où.

Depuis, je n'ai revu ni Nini, ni Palmyre, et quand j'ai besoin d'aller à Strasbourg pour voir Olympe, plutôt que de prendre la ligne de l'Est, je m'embarque au Havre et je traverse l'Amérique pour revenir par la Russie et l'Allemagne.

Ainsi finit le nouveau récit de mon ami Jacques.

XXIII

PEYROLADE ET GABARROU

Ne me demandez pas depuis quel âge ils se connaissaient. Autant m'interroger sur la date de leur naissance. Alcide Peyrolade avait, je crois, trois mois de plus que Zéphirin Gabarrou ; mais voilà qui ne compte guère dans une amitié scellée par cinquante ans de vie commune. Chacun d'eux ignore encore aujourd'hui si l'autre est son aîné ou son cadet. Et pourtant tous deux ont grandi à l'ombre du même clocher, de ce joli clocher roman de Bouzillac, dont le polygone de briques claires découpe si gaiement le ciel, avec son campanile en plein vent posé comme une mouche de bronze dans un triangle d'azur encadré dans la pierre. Est-ce le Tarn? Est-ce la Garonne qui roule, à cent mètres de l'église, bordée par un lit de sable fin que de maigres peupliers traversent, ses eaux saumâtres avec des îlots d'un bleu pâle? Je ne m'en souviens plus, ma foi !... Bouzillac est-il dans un département bien classé? Je n'en sais rien encore ; mais de la plus haute colline on aperçoit Toulouse, et, quand le ciel est très transparent, on y voit aussi Montauban avec les yeux de la Foi, qui sont les plus perçants que je connaisse. C'est dans ce coin du paysage gascon que nos deux amis avaient été, tour à tour, de parfaits cancres à l'école et d'excellents compagnons sur les grands chemins où les mûres font, en automne, des taches noires sur les broussailles toutes saupoudrées de blanche poussière. Ah ! les jolis polissons que c'était en ce temps-là et en cette saison qui est celle des vacances, dépouillant les haies, faisant enrager les chiens, contrefaisant les infirmes et remplissant de leur gaieté bruyante dix kilomètres carrés plantés de maïs et de vigne ! Ils s'adoraient, bien que se disputant toujours. Puis ils avaient fait leur droit ensemble à Toulouse, apprenant les belles ressources de lachicane à l'occasion, mais surtout les belles manières avec lesquelles on séduit les promeneuses de l'avenue Lafayette et du Jardin Royal.

Peut-être est-ce bien longtemps s'attarder aux souvenirs d'une enfance et d'une amitié qui ressemblent à toutes les autres. Je franchis trente ans d'un coup d'aile, pour retrouver aujourd'hui Alcide Peyrolade et Zéphirin Gabarrou dans l'exercice de leur profession contemporaine. Je constate d'abord toute une différence radicale entre eux. Peyrolade est marié et républicain. Gabarrou est réactionnaire et garçon. Cette distinction ne fut pas fort sensible sous l'Empire, mais elle le devint après le 4 septembre, date à laquelle Peyrolade prit tout ensemble femme et situation dans la vie.

Grâce au libéralisme de ses doctrines précédentes, il fut nommé juge de paix. Ce fut un rude coup pour Gabarrou, qui comprit qu'il devait mettre un terme à une intimité compromettante pour son ami, subitement promu à l'abrutissement de fonctionnaire de l'État. Sans que Peyrolade eût besoin de lui rien dire, il cessa ses visites qui, dans une aussi petite ville, auraient certainement fait mauvais effet. Mais quelle souffrance et quel vide dans son existence nou-

.velle! Il ne fut pas seul d'ailleurs à en mesurer l'abîme, et Peyrolade, tout en rendant justice à sa sublime délicatesse, fut au fond furieux contre lui de cet abandon. Ils s'écrivaient des lettres alambiquées comme celles d'amoureux qui se sont fâchés et voudraient bien revenir l'un à l'autre. Le résultat de cette correspondance fut qu'ils choisirent, à cent mètres de la ville, un cabaret où ils se rencontraient le soir, quand tous les honnêtes gens de la commune étaient couchés, et où ils faisaient de longs et affectueux dominos pendant les nocturnes heures où s'endorment la malice et la curiosité humaines. Le lendemain, ils ne se saluaient plus, mais un petit signe de tête à peine visible, tout confidentiel et intime, les rassurait sur les sentiments l'un de l'autre et coupait court à tout malentendu.

Et cela dura ainsi jusqu'au moment où M. le maréchal de Mac-Mahon fut chargé des libérales destinées de la République qu'il aimait.

Ce jour-là même, Peyrolade fut rendu, par le ministère dont M. de Broglie était l'orgueil modeste, aux douceurs de la vie de famille, et ce fut Gabarrou qui fut investi à sa place de la pacifique magistrature qu'il avait exercée avec un éclat si modéré.

La conduite de Gabarrou avait tracé à la sienne une ligne aisée à suivre. Ce fut lui qui, à son tour, se retira, battant en retraite devant la responsabilité du nouveau fonctionnaire. Toute familiarité cessa de lui à son ami. Lui aussi affecta de ne le pas reconnaître et de ne le pas saluer dans la rue. Mais Gabarrou avait appris de son prédécesseur comment les périlleuses amitiés se concilient avec le soin de sa fortune. Rien ne fut changé à l'heure du cabaret et à la partie de dominos que le vaincu sans rancune persista à jouer contre le vainqueur sans jactance. C'est ainsi que, dans l'ombre et comme des malfaiteurs, ils purent continuer de s'aimer et de se voir sans que M. le préfet du département, qui était un lapin comme tant d'autres, pût faire un crime à celui-ci de l'intimité de celui-là. Et je vous jure que dans ce *buen retiro* de la plus innocente des affections, ils passèrent de charmantes heures, oublieux de la politique et de ses stupides exigences, tous deux au souvenir de leur commune et riante enfance, tous deux à l'espoir des apaisements prochains, fraternels et doux comme au temps de leurs belles années, touchants à voir pour la constance de leur amitié et le mystère dont ils entouraient cette sainte chose, plus prudents en cela que ne l'imaginent les optimistes qui n'ont jamais sondé l'abîme de la bêtise administrative dans notre glorieux pays.

Le Maréchal avait résigné ses fonctions providentielles, ayant senti se dresser enfin sa conscience de soldat et de citoyen entre les ambitions éhontées de ses conseillers et l'horreur d'un coup d'État. Comme il s'était fort peu élevé, ce n'est pas de bien haut qu'il tomba dans un honorable oubli. Il ne roula pas de son fauteuil ; il s'assit à côté. Le contre-coup de sa chute n'en fut pas moins sensible dans la France tout entière et à Bouzillac, en particulier, où Gabarrou, dégommé à son tour, dut céder le jupon noir et la peau de chat traditionnelle à Peyrolade réintégré dans ses judiciaires splendeurs. La remise de service se fit sans amertume. Le pli est pris maintenant et le cabaret lointain n'y perd ni un bock ni une partie de dominos. Il est

convenu que suivant les oscillations de l'idée que
défend chacun d'eux, la justice de paix du canton
appartiendra à celui des deux dont le parti triomphe. Peyrolade sait fort bien qu'au premier ministère Jules Simon, il devra passer la main à Gabarrou. Voilà qui n'est pas fait pour empêcher ce
brave homme de trouver infiniment de plaisir
dans la société de son futur successeur. O couple plein de bon sens qui sait que la politique ne
vaut pas le sacrifice de la moindre affection et
qu'il vaut infiniment mieux être un renégat aux
yeux de ses coreligionnaires en scrutin que de
faire de la peine à son caniche ! Il n'y a que les
imbéciles pour laisser entrer de telles billevesées dans le monde de leurs sentiments et
pour intéresser leur cœur à ces balivernes où les
ambitieux seuls trouvent leur compte. O sage
Peyrolade ! O plus sage Gabarrou ! Jamais je ne
louerai assez votre persistante tendresse !

Or, il advint qu'avant-hier, — je ne vous mens
pas d'un jour, — Peyrolade avait l'air tout mélancolique en entrant dans le cabaret du père Sébastien Pililou, où son fidèle Gabarrou l'attendait,

la nuit tombée, pour poser un tas de double-six.
Cet aspect triste frappa bien vite son amical compagnon. Gabarrou interrogea affectueusement Peyrolade sans en obtenir la moindre réponse et la partie s'acheva, sans l'expansion habituelle, celui-ci refusant obstinément de livrer à celui-là un secret qu'il n'était pas assez fort pour cacher.

— *Cap de dourno* ! (lisez en français : tête de cruche !) me diras-tu ce que tu as ? finit par crier l'impatient Gabarrou exaspéré.

— Hélas ! répondit Peyrolade, je suis honteux de le dire, mais j'ai beaucoup de peine parce qu'on m'a raconté que, pendant que je jugeais toute la journée, tu faisais des amourettes à ma femme.

L'infâme Gabarrou (car c'était vrai comme l'Évangile en personne) ne put s'empêcher de pâlir.

— Peux-tu croire ! s'écria-t-il avec une feinte audace. Moi, te compromettre en allant dans ta maison pendant le jour, quand je me cache pour te voir la nuit !

— Il n'est pas question de cela, continua philosophiquement Peyrolade, car on m'a affirmé que c'était dans les bois qu'avaient lieu vos quotidiennes rencontres.

— Pincé ! murmura l'infâme Gabarrou. Il sait tout ?

— Oh ! mon Dieu, poursuivit le philanthropique magistrat, ce n'est pas que je t'en veuille beaucoup. Je me suis dit de suite : Eh ! le pauvre ! que voulez-vous qu'il fasse de son temps, puisqu'il ne peut le passer avec moi ! Seulement, Gabarrou, j'ai une demande à te faire.

— Parle, généreux Peyrolade ; je suis prêt à faire tout ce qui te peut être agréable.

— Et bien, mon bon Gabarrou, promets-moi de te marier aussi pour le temps où ça sera à ton tour d'être juge de paix !

XXIV

LA PETITE TOUR DE NESLE

« Mantes-la-Jolie, 17 août.

» Mon cher neveu,

» Il y a longtemps que vous connaissez ma façon de voir à votre endroit. Je ne demande qu'à vous laisser mon avoir, en souvenir de ma sœur Yolande, votre mère, que j'aimais de tout mon cœur; mais j'y mets pour condition que vous cesserez la vie de polichinelle que vous avez menée jusqu'ici. Je comprends parfaitement qu'un jeune homme s'amuse, mais je n'admets pas, un seul instant, qu'il reçoive constamment des femmes chez lui. Faites au dehors tout ce qu'il vous plaira; mais, au moins, n'ayez pas à rougir devant votre concierge et gardez à votre intérieur quelque dignité. Vous venez de changer encore d'appartement. Vous savez que vous serez surveillé dans votre nouveau gîte comme dans les précédents. J'ai mes petits moyens pour cela et mes principes sont absolus. Donc, gare au premier cotillon qui se glissera dans vos lares. Je vous préviens qu'il vous en coûtera cher. En attendant, je vous embrasse de tout mon cœur.

» Votre oncle affectionné,

» Tancrède Dubochet. »

L'auteur de cette épître était un ancien employé supérieur de la préfecture de police, mangeant dans un joli petit coin de province des revenus fort rondelets. Il avait pour unique héritier son neveu Aristide Boulard, destinataire du poulet que vous venez de lire. Suivre, à distance, ce jeune garçon dans ses moindres faits et gestes était son occupation préférée. Il avait, dans cette noble tâche, pour auxiliaire un ancien camarade de bureau, maintenant commissaire de police à Paris, M. Ledoux, et c'est par lui qu'il avait été jusque-là instruit fort rigoureusement des facéties du fils de sa sœur.

— Eh bien, mon bonhomme, si tu apprends

cette fois-ci que des femmes sont entrées chez moi, tu seras un malin ! dit Aristide, en serrant dans sa poche la lettre de son oncle.

Et de fait, Aristide, qui en avait par-dessus la tête de cet espionnage, avait trouvé un moyen héroïque pour le dépister. Après avoir loué à son nom, rue du Dragon, un appartement dont il avait donné l'adresse à son oncle, il en avait remis la clef au concierge et était allé s'installer en garni, de l'autre côté de l'eau, sous le pseudonyme de Prosper Planterose. Il allait chercher, il est vrai, ses lettres tous les matins, mais jamais il ne franchissait la première marche de l'escalier.

— De cette façon, pensait-il, on ne m'accusera pas d'amener des femmes dans un endroit où je ne mets, moi-même, jamais les pieds.

Le malheureux comptait sans la destinée.

J'ajouterai : et sans le génie de M. Bernard, le concierge de la maison de la rue du Dragon. Cet homme, plein de finesse, eut bientôt remarqué le parti pris de son nouveau locataire de ne jamais monter chez lui. Il attendit un mois pour s'en bien assurer ; puis il commença un petit commerce aussi bien trouvé que lucratif. Ayant de nombreuses relations dans le monde où l'on s'amuse, M. Bernard mit à leur disposition le logement toujours vacant, mais correctement meublé, de l'imprudent Aristide. Bientôt les rendez-vous du quartier ne se donnèrent plus ailleurs. Ce fut un chassé-croisé d'amoureux ne pouvant se voir qu'à la hâte, de messieurs mariés ayant à prendre des précautions, de femmes infidèles en quête d'un nid mystérieux. Ah ! le mobilier du faux Planterose en vit de belles ! On fit de jolis soupers dans le service en porcelaine que lui avait jadis payé l'oncle Tancrède. Pendant le jour, M. Bernard gardait encore quelques ménagements, mais l'appartement demeurait ouvert à toute heure, et ce fut bientôt une gobichonnade générale dans ces murs auxquels le jeune Boulard avait confié le silencieux souci de sa bonne renommée.

Si bien que, tandis que M. Prosper Planterose croyait son oncle muni des meilleurs renseignements sur Aristide, M. Tancrède Dubochet recevait, de son ami Ledoux, la nouvelle que l'appartement actuel de son neveu était devenu (je cite son expression) « une véritable tour de Nesle ». Cette fois-là, le bonhomme exaspéré prit le train pour Paris, après avoir donné rendez-vous à son ami Ledoux pour aviser.

Nous les retrouvons attablés chez Maire, et devant un fort bon dîner, ma foi ! Ils avaient résolu de passer la soirée ensemble et de ne songer aux choses sérieuses que le lendemain. Ledoux avait conté à sa femme qu'il occuperait la nuit en surveillance dans les Carrières d'Amérique. Que diable ! ce n'est pas tout que d'empêcher un neveu de s'amuser. Il faut bien s'amuser un peu aussi soi-même, et on ne retrouve pas tous les jours un vieux camarade de trente ans ! D'ailleurs, la bonne chère est une conseillère perfide, et nos deux birbes sortirent du restaurant avec de vieilles ardeurs dans les reins, des pétillements dans les yeux. Où rencontrèrent-ils Mlles Anita et Zénobie ? Je ne sais plus au juste. Toujours est-il que ces jeunes personnes, qui voulaient bien rigoler (le mot est dans Rabelais ainsi : *soy rigoler*), mais qui avaient des amants sérieux à ménager, refusèrent net à ces deux vieux polissons de les recevoir chez elles.

—Mais, dit Anita, je connais un appartement meublé où nous pourrons très bien faire la fête. La maison est très convenable, et ce n'est pas hôtel du tout. Le concierge, qui est le père d'une de mes amies, est un excellent zig (le mot n'est plus dans Rabelais), et nous y serons comme chez nous.

— C'est cela, dit Zénobie. J'adore aller chez M. Bernard.

Et un fiacre les emporta rue du Dragon. Le cocher connaissait bien la maison, et le cheval s'arrêta tout seul devant la porte.

— Sapristi ! dit M. Dubochet, mais c'est la maison où demeure mon neveu.

— Vous voyez, mon ami, lui répondit M. Ledoux, comme il les choisit ! C'est tout à fait farce. Nous le pincerons demain matin, en nous levant. Nous n'aurons même pas à nous déranger. Mais pas un mot ce soir au concierge, qui lui donnerait l'éveil.

— Le polisson ! grommela encore M. Dubochet.

Mlle Anita avait pris la clef, pendant que ces messieurs suivaient Zénobie dans l'escalier. Une demi-heure après, le complaisant Bernard montait un panier de champagne et une volaille truffée dans l'appartement de l'innocent Aristide.

Innocent! oui! car Aristide se rangeait. Depuis une quinzaine, il était sérieusement amoureux.

M. Planterose avait fait peau neuve et n'était plus l'orgueil des brasseries et des bastringues. Une femme rencontrée huit jours de suite, dans le square des Batignolles où il l'avait suivie une première fois, avait accompli ce miracle. Elle ne lui avait d'abord pas répondu du tout quand il avait osé lui parler; puis, ensuite, elle lui avait répondu du bout des lèvres. Mais elle était revenue et cela était déjà un encouragement. Il avait déjà gagné un terrain considérable, sans rien savoir d'elle, sinon qu'elle était mariée et avait tout à craindre d'une légèreté.

Il sentait bien qu'une occasion seule manquait à son bonheur, et il faillit s'évanouir de joie quand il en reçut ce petit mot la veille du jour où son oncle Tancrède devait arriver si furieux, petit mot qu'elle avait laissé tomber devant lui sur le sable d'une allée : « Mon mari sera absent toute la nuit demain. Si vous trouvez, pour me recevoir, un endroit où nous ne courions aucun risque, j'y passerai quelques heures avec vous. Mais pas d'hôtel, pas de maison garnie ! Ce serait impossible... Je me fie à vous et je vous aime. »

— Parbleu ! pensa Aristide, il y a, de par le monde, un sieur Aristide Boulard qui est de mes meilleurs amis et ne me refusera pas son appartement pour la circonstance. Je suis sûr que celui-là ne bavardera pas. Un appartement vierge ! J'espère bien que, pour une fois, mon oncle n'apprendra pas que j'y ai amené quelqu'un. C'est une idée de génie que j'ai eue de ménager ce *buen retiro* pour les amours honnêtes et mystérieuses.

Et voilà comment Aristide et sa tremblante conquête se dirigèrent vers la rue du Dragon deux heures après que MM. Dubochet et Ledoux, Mlles Anita et Zénobie eurent pris le même chemin.

La grande porte était encore ouverte, et quand ils passèrent devant la loge du concierge, M. Bernard, qui avait bu aussi quelques verres de cliquot, dormait profondément dans un large fauteuil à oreilles de cuir.

— J'aime autant ça, pensa Aristide, et tout va pour le mieux.

L'appartement qu'il avait loué avait deux entrées et il ne trouva qu'une seule clef au crochet.

— Bon! pensa-t-il, il aura gardé l'autre dans sa poche, après avoir donné de l'air, comme je le lui ai recommandé. Tant pis. Nous monterons par le petit escalier. J'aime mieux ça que de le réveiller pour avoir des explications.

Et tout palpitant, sa compagne appuyée sur son bras et frissonnante comme une feuille, il grimpa jusqu'à son étage, mit la clef dans la serrure, la fit passer la première et il entra.

— Mais il y a d'autres personnes ici! lui dit la jeune femme épouvantée.

— Par exemple!

— Écoutez plutôt!

Elle n'eut pas le temps d'en dire davantage : une portière se souleva brusquement, laissant passer dans le vestibule une traînée de lumière jaune, et un couple en délire vint bondir sous leurs yeux, suivi d'un autre couple qui se bousculait par derrière, le tout avec d'effroyables éclats de rire et des piaillements de femmes affolées. C'était M. Dubochet, complètement ivre et M. Ledoux, non moins gris, qui, tous deux en costume léger, emportaient dans un galop frénétique Mlle Anita et Mlle Zénobie.

— Mon neveu ! s'écria Dubochet.

— Ma femme ! s'exclama Ledoux.

— Mon mari ! gémit la conquête d'Aristide.

— Planterose ! hurlèrent de concert Zénobie et Anita.

Et puis ce fut un effrayant silence. Chacun mesurait ses armes avant de commencer le combat. Mme Ledoux risqua la première passe.

— Monsieur, dit-elle froidement à son mari, on m'avait écrit que vous me trompiez avec des créatures, pardonnez-moi de vous avoir suivi. Me ferez-vous, au moins, l'honneur de quitter maintenant ces demoiselles et de m'offrir votre bras pour me reconduire chez vous ?

M. Ledoux, complètement abruti, balbutia quelques mots et obéit.

— Monsieur, dit ensuite à son neveu M. Dubochet enhardi par cet acte de toupet, on m'avait prévenu que vous continuiez à recevoir mauvaise compagnie. J'en ai maintenant la preuve. Adieu ! vous n'aurez jamais un sou de moi.

Et il sortit avec infiniment de dignité.

Aristide, atterré, était tombé sur un canapé.

— Voyons, mon petit Planterose, lui dit bien doucement Zénobie, il reste encore du champagne.

— Et de la dinde truffée, ajouta Anita d'une voix câline.

— Morbleu, vous avez raison ! s'écria le jeune homme. Le diable emporte mon oncle !

Et il finit la nuit le plus gaiement du monde, entre deux belles filles et en buvant du joli vin.

C'est tout le mal que je vous souhaite !

XXV

PHILOSOPHIE CONJUGALE

— Ainsi, monsieur, la loi française ne me donne aucun moyen de rompre un mariage qui ne réalise pas les projets que j'avais conçus en le contractant ?

— Aucun, monsieur, si vous n'avez aucun grief personnel à alléguer contre votre femme. Récapitulons, cependant : Mme Cucurond ne vous a jamais giflé ?

— La pauvre ! Elle est la douceur même !

— Mme Cucurond n'a jamais insinué dans les sociétés où vous allez ensemble que vous étiez le célèbre Jud ou le non moins célèbre Walder ?

— Jour de Dieu ! Elle est discrète comme un étang de carpes.

— Mme Cucurond ne se grise pas à l'ordinaire ?

— Par exemple ! elle est sobre comme un troupeau de dromadaires !

— Enfin, monsieur, dernier point plus délicat que tous les autres : Mme Cucurond ne vous a jamais trompé ?

— Jamais, monsieur, jamais ! Et, puisque nous en sommes aux confidences sur ce point, je vous avouerai que c'est là justement mon unique cause de mécontentement contre elle.

— Vous dites ?

— Que je ne m'étais marié que dans l'espoir d'être... ce que je ne suis pas.

— Alors, monsieur, brisons là, et faites-moi le plaisir de prendre votre chapeau. Ce cabinet n'a rien de commun avec l'aquarium de M. Geoffroy Saint-Hilaire et je ne donne pas de leçons de natation.

— Vous vous méprenez considérablement, monsieur. — Je ne suis ni le petit-fils, ni même l'arrière-petit-cousin du sieur Marneffe. Je puis faire tomber d'ailleurs d'un mot vos injurieux soupçons. J'ai deux cent mille livres de rente et j'en dépense avec peine cinquante mille.

— Alors, monsieur, je ne comprends pas.

— Je vais vous expliquer mon cas, alors, monsieur.

— Et vous me ferez plaisir, car voici la première fois, depuis que je plaide, qu'un mari vient se plaindre à moi de la fidélité de sa femme.

Et l'ami Jacques ramenait sur ses jambes croisées les pans fleuris d'une magnifique robe de chambre, en homme qui se prépare à en écouter une bien bonne, pendant que M. Cucurond cherchait dans le fond de sa tabatière en vieil argent un exorde au difficile discours que voici :

— Vous n'êtes pas sans avoir remarqué, monsieur Moulinot, que je suis un des êtres les plus désagréables qu'on puisse rencontrer.

— Mais, monsieur...

— Ne me flattez pas, je vous en prie ; j'aurais dû dire : le plus désagréable, car je me connais et n'ai aucune illusion sur l'agrément de ma propre compagnie. La vie de collège avait suffi pour m'édifier à ce sujet. Sans être plus méchant qu'un autre, j'étais devenu, en un clin d'œil, la bête noire de tous mes camarades. C'était à qui me fuirait. On ne me faisait même pas l'honneur de me tourmenter. Je grandis ainsi, solitaire, conspué et mélancolique dans le milieu bruyant, expansif, confiant des amitiés faciles et des premières tendresses. Ce don antipathique devait me suivre dans la vie et à peine y fus-je entré, par la ridicule porte du baccalauréat, que la même répulsion de tous m'y interdit toutes les joies de cette bohême fraternelle qui fait à la vingtième année une couronne d'éclats de rire et de chansons. Et les choses continuèrent ainsi, pour l'homme comme pour l'enfant, comme pour l'étudiant, mon isolement se faisant, chaque jour, plus complet et plus amer. C'est alors que je songeai à me marier.

— Pour avoir, au moins, auprès de vous, une personne dont l'affection fût un devoir ?

— Non, monsieur l'avocat, je n'en demandais pas si long. Pour avoir auprès de moi une femme dont la coquetterie attirerait chez moi d'agréables gens, qui me ferait malgré moi une société dans le monde des hommes qui aiment à rire, dont les charmes feraient supporter mon abominable caractère à mes contemporains. Cette femme idéale, je crus l'avoir trouvée dans Mme Cucurond, qui a tout pour plaire...

— Eh bien?

— Eh bien! sa diabolique vertu a désespéré bien vite tous les galants. Au bout de huit jours de cour, jugeant la citadelle imprenable, ils désertaient le siège, m'abandonnant à ma mauvaise fortune auprès d'une femme adorable et fidèle. N'était-ce pas vraiment à se précipiter...?

—Dans la mare? oui. Mais vous n'y songeâtes pas un seul instant?

— Non, monsieur. On m'avait vanté, en maint endroit, votre adresse dans ce genre d'affaires et j'ai préféré de beaucoup venir vous consulter. Voyons, vous ne me donnerez pas un tout petit conseil pour sortir de ce mauvais pas? Vous le voyez, le mariage m'est devenu, par la force des circonstances et la fatale sagesse de ma femme, complètement inutile. C'est même une gêne pour moi qui suis un vieux débauché aimant ses aises. Aidez-moi à m'échapper au plus tôt de cette vertueuse galère, et il ne sera pas un Cucurond au monde que vous ayez obligé autant que moi.

— Mon Dieu, monsieur, reprit Jacques après un instant de réflexion, une idée me vient, qui, sans faire courir les mêmes dangers à votre honneur, résoudrait peut-être le problème à votre satisfaction. Pourquoi ne demanderiez-vous pas à vous-même ce que votre femme n'a pu vous donner?

— Que je me fasse cocu moi-même! Mais je n'y aurais aucun agrément!

— Vous ne me comprenez pas. Pourquoi n'essayeriez-vous pas de vous rendre vous-même aimable?

— Et comment cela?

— En imitant les gens qui ont la réputation de l'être dans le monde, en flagornant les imbéciles, en nourrissant les parasites, en flattant la politique des ambitieux et les manies des autres, en faisant bon visage à ceux qui vous assomment, en riant des choses qui vous ennuient, en mentant à la journée, toutes choses que vous n'avez peut-être jamais songé à faire et qui constituent cependant le manuel de l'homme civilisé.

— Au fait !

— Je ne vous cite pas de modèles. Vous n'avez qu'à jeter les yeux autour de vous. Il n'y a aucune raison pour qu'après quelques mois de ces exercices vous n'ayiez la réputation d'un homme charmant et ne voyiez vos salons remplis de tout ce qu'on est convenu d'appeler « la société ».

— Quel horizon vous m'ouvrez là! monsieur Moulinot, je me mets à l'œuvre. Je commence par vous : vous êtes un grand jurisconsulte, un orateur éloquent, un avocat consciencieux, le modèle des plus hautes vertus...

— Vous exagérez, mon cher monsieur Cucurond...

— Non, monsieur Moulinot, pas du tout. Je n'exagère pas. Je mens comme vous me l'avez prescrit tout à l'heure. Vous êtes un aigle, un phénix, un merle blanc, le *nec plus ultrà*, l'incomparable...

— Assez ! assez, je vous prie.

— Et je vous invite à venir dîner chez moi tous les huit jours, en compagnie de gens à qui j'en aurai dit autant qu'à vous: On s'amusera, on dansera, je tiendrai le piano. Est-ce dit?

— De grand cœur, monsieur Cucurond.

Trois mois après, plusieurs bons vivants, parmi lesquels le financier Guérinet, le marquis de Villemotoz, le comte de Petitbœuf, le capitaine Toutnéné, et l'ami Jacques, bien entendu, descendaient le boulevard, en devisant joyeusement, comme gens qui ont fait chère-lie.

— Comme on dîne chez ce Cucurond! exclama le capitaine Toutnéné en frisant son imperceptible moustache.

— Et quelle charmante femme que la sienne! continua le marquis de Villemotoz en passant un coquet foulard bleu autour de son cou.

Puis, rompant la conversation générale, ils se mirent à causer deux par deux, sur le ton mystérieux des confidences.

— Comment, vous aussi!

— Mais certainement.

— Villemotoz de même. Il me l'a avoué.

— Et Guérinet pareillement. Il en est convenu après boire.

Et le chœur reprit en sourdine:

— Non vrai! on ne l'est pas comme ce Cucurond!

— Et si je vous disais, messieurs, dit le comte de Petitbœuf en campant militairement son chapeau sur le côté de sa tête, que, tant que son mari a vécu comme un véritable ours, lui faisant une existence aussi déplaisante que possible, cette femme a été un dragon de vertu!

— Le fait est, continua Toutnéné, que personne ne lui faisait la cour plus de deux jours.

— Que voulez-vous, poursuivit Guérinet, on n'aime pas à se fourrer dans un intérieur désagréable.

— Ceci prouve, messeigneurs, conclut Jacques, que, pour les hommes de sens et d'expérience, dans une maîtresse mariée, le point essentiel, c'est le mari.

Le lendemain de cet entretien, Cucurond accourait au cabinet de Jacques.

— Ah! mon cher Moulinot, dit-il à notre ami, en lui prenant les deux mains. Grâce à vous, je peux maintenant...

— Plaider contre votre femme?

— Par exemple! Je suis devenu aimable pour tout le monde, même pour Eulalie. Je l'adore, ma femme ! Je ne la comprenais pas ! Mais maintenant rien au monde ne pourrait me séparer d'elle.

— Elle fait tout ce que vous désiriez ?

— Un agneau, monsieur, un agneau ! Un ange ! un petit ange ! Et dire qu'il fut un temps où je n'étais pas jaloux de ce trésor, où j'aurais parfaitement toléré qu'Eulalie me trompât !

— Et maintenant ?

— Maintenant, Moulinot, le premier qui oserait lui faire la cour, je l'étranglerais comme un poulet.

Et M. Cucurond fit un geste qui mit un frisson au dos de Jacques, un geste qui voulait dire, dans sa muette éloquence : Tout pour l'honneur !

XXVI

MERLINE

Un nom d'enchanteresse, n'est-ce pas?

Vous vous imaginez déjà, sans doute, une de ces fées charmantes de la légende celle dont les lourds cheveux d'or pâle balayaient les épaules nues, dont la tunique était blanche comme celles des vestales, dont un gui couronnait le front comme celui de Velléda.

Mon Dieu, si ce n'est que vous vous trompez d'un fort grand nombre de siècles, vous avez deviné à peu près juste.

Merline est bien, en effet, la fille des charmeuses d'antan, que nos aïeux suivaient sous les grands bois de chênes où se célébraient les mystères. C'est bien le sang des vierges du Nord qui rose à peine la candeur mate de son teint. Elle est blonde comme ces prêtresses, et ses yeux bleus ont la mélancolie profonde des yeux qui longtemps ont contemplé la mer, perdus dans des rêves surnaturels. Une ombre de sauvagerie flotte sur sa beauté délicieusement farouche, et, quand la lune argente les sommets rugueux des dolmens, elle serait admirable à voir dans quelque paysage nu de Bretagne, errante sous la double nuit du ciel triste et des antiques souvenirs.

Cependant Merline est notre contemporaine, et, pour ne vous pas intriguer plus longtemps, Merline est tout simplement la sœur de mon ami Jacques. Ce nom lui vient d'un parrain romanesque qui avait beaucoup lu Michelet.

Bien que beaucoup moins âgée que Jacques, il y a longtemps qu'elle a pris vis-à-vis de lui des allures de sœur aînée que justifie d'ailleurs la jeunesse incorrigible de ce polisson. Elle suit avec une curiosité quelquefois douloureuse, le plus souvent amusée, le cours des sottises sans nombre de son frère. Rien de malsain d'ailleurs dans cette sollicitude dangereuse à un esprit naïf. Merline sait tout et peut tout savoir. Merline a le droit de tout comprendre. Veuve d'un officier de marine, qu'elle avait épousé à seize ans et perdu à vingt, elle a gardé du mariage, avec la triste mémoire d'une union fidèle et trop tôt rompue, cette indépendance d'allure et cette liberté de juger qui ne sont pas permises aux demoiselles, même infiniment moins jeunes qu'elle. Elle n'en abuse pas mais elle en use, étant très spirituelle et pas du tout bégueule; ne demandant plus rien à la vie pour elle-même, mais ayant la rare passion du bonheur des autres. Si elle n'a plus d'illusions, elle estime encore que les illusions sont ce qu'il y a de meilleur au monde. Mais elle a le mépris de la bêtise à un point que je ne saurais dire.

Une bien bonne conseillère, en somme, et un juge bien indulgent que mon ami Jacques a là.

Et maintenant vous connaissez Merline autant que je la connais moi-même.

Vous ai-je dit encore que Jacques venait passer un mois par an chez sa mère à Grandbourg? Mme Moulinot y possédait, au temps dont je parle, une de ces jolies villas dont la pelouse verte vient baigner ses franges de sable dans la Seine et qui, perchées sur la colline comme des chèvres blanches, ont pour horizon, par derrière, de grands rideaux de tilleuls, paysage calme s'il en fut, un peu bourgeois, mais plein d'attendrissements muets pour ceux qui y ont passé leur jeunesse. Ah! que les lilas nouveaux y sentiront bon dans quelques jours! Mais d'autres que moi en respireront l'ivresse!

Entre sa mère, d'un côté, et sa sœur Merline, de l'autre, Jacques menait là une existence d'enfant prodigue dont un troupeau de veaux gras fête la bienvenue. Il y reprenait ses habitudes de jeune homme, se retrempant en mille exercices salutaires; se levant dès l'aube et courant la Seine sur son voilier parmi les brumes argentées du réveil; faisant avec son vieux chien des parties de course sur le gazon mouillé; grimpant aux marronniers pour y cueillir des fleurs roses et blanches. Je voudrais vous laisser croire que cette débauche d'innocence absorbait tout son temps. Mais il faut bien que je vous avoue qu'il mettait aussi à mal toutes les bonnes du voisinage. C'est au point que, dans vingt ans, tous les domestiques de la région lui ressembleront comme des gouttes d'eau, ce qui ne sera pas autrement flatteur pour lui. Mais c'est un garçon qui ne réfléchit à rien et qui confie son image à tort et à travers.

Ce mois-là était cependant, pour lui, celui des confessions plutôt que des simples confidences. Car dans ses longues causeries du soir avec Merline, celle-ci ne manquait jamais de lui faire raconter quelqu'une de ses innombrables folies, souriant et le grondant tour à tour, quelquefois silencieuse et semblant méditer sur ce qu'un homme de plus de bon sens eût fait à la place de son frère.

Ces entretiens charmants n'étaient guère interrompus que par la visite de quelque voisin de campagne.

Parmi ces derniers, Mme Moulinot comptait, l'an passé, l'amiral Le Kelpudubec et sa femme. Rien à dire de l'amiral : un loup de mer consciencieux, une âme de bronze entre deux favoris gris, brave marin, s'il en fut, mais un peu fatigué par les voyages, causant volontiers de ses expéditions lointaines et grand fumeur de cigares. L'amirale mérite quelques lignes de plus. Une petite femme ayant volontairement gardé, à trente ans, des façons de pensionnaire, languissante par genre, un peu *gniangnian* même, si vous voulez, ayant enfin ce qu'on appelle, dans les provinces du Midi, « l'air poétique ». Cet air-là, elle l'emportait partout, dans la promenade où elle faisait une lieue à pied après avoir recommandé que la voiture ne la quittât pas d'un instant, à table où elle mangeait comme dix en commençant par refuser de tous les plats, ailleurs encore probablement, car si un mot risqué la faisait rougir, et si elle n'avait pas d'enfants, elle n'en avait pas moins esquissé notoirement une douzaine de grossesses depuis dix ans qu'elle était entrée dans la marine par le sabord du mariage.

L'amirale blâmait souvent Merline des libertés de langage que celle-ci souffrait devant elle. Que la moindre gauloiserie se glissât dans une histoire, Mme Le Kelpudubec se levait avec une affectation de pudeur qui enchantait positivement son mari :

— Quelle femme que la mienne ! disait l'excellent amiral.

Et il ne manquait jamais de raconter tout bas, mais bien bas, à quelqu'un comment, l'été passé, Aurélie avait failli se trouver mal en apercevant, sur la table, deux mouches qui se faisaient la cour.

Bien qu'au physique Aurélie ne réalisât guère

l'idéal de Jacques qui tenait les formes abondantes pour un des premiers éléments de la beauté, il n'en avait pas moins, par habitude et par désœuvrement, dit à Mme Le Kelpudubec quelques mots gracieux que celle-ci avait d'ailleurs reçus avec un mépris mal dissimulé.

— Singulière chose que le hasard! pensait-il quelque temps après. Je ne puis plus faire un pas, dans la journée, aux environs, sans me trouver nez à nez avec cette femme qui me fuit, et c'est toujours dans quelque site écarté, dans quelque coin de bois délicieux qu'elle m'apparaît pour me toiser du regard, alors qu'avec toute autre qu'elle, une rencontre pareille et dans un paysage aussi mystérieusement discret me serait vraisemblablement l'occasion d'une bonne fortune.

— Qu'as-tu, mon Jacques? dit affectueusement Merline à son frère. Tu as l'air tout drôle ce soir.

— J'ai, dit lentement Jacques, que pour la première fois de ma vie j'éprouve une satisfaction de conscience et que je ne suis pas encore habitué à ces joies-là. J'ai, qu'il est beau de se vaincre soi-même et honorable de s'humilier devant la réelle vertu. L'homme n'est pas, après tout, une brute livrée à la seule violence de ses instincts. Il faut savoir lutter contre le torrent des passions et remonter, d'une âme sereine, le cours de ses propres désirs. Ah ! ma sœur bien-aimée, tu peux être fière de ton frère aujourd'hui et tu n'as pas perdu la morale que tu lui as faite !

— Tu m'effrayes, mon ami.

— Je te dis que, pour la première fois de ma vie peut-être, je viens de me conduire en vrai gentilhomme. Une femme enviée entre toutes, car sa vertu est un proverbe, était à ma discrétion. Nul n'aurait pu entendre ses cris, et, d'ailleurs, la force lui eût manqué pour appeler à son aide. C'était dans le plus délicieux endroit de la forêt, sous l'enivrement des feuilles nouvelles et de la chanson des oiseaux. Saint Antoine lui-même eût succombé, après avoir toutefois renvoyé son cochon, pour ne pas lui donner le mauvais exemple. Eh bien, moi, qui n'avais pas de cochon à scandaliser, pourtant, j'ai résisté. Je savais que cette femme était respectable et je l'ai respectée.

— Mme l'amirale, n'est-ce pas ?

— Comment ! tu as découvert ! Ah ! ma chère Merline, au moins garde-moi un secret éternel...

Alors Merline, regardant Jacques avec ses grands beaux yeux bleus de devineresse :

— Grand serin ! lui dit-elle en frappant doucement les doigts de mon ami du bout de son éventail.

XXVII

LA MOUCHE DE LÉONTINE

L'atelier du peintre Bougrimard est situé à mi-côte de Montmartre, non loin de cette nouvelle Athènes où se réunissent, chaque soir, les Périclès du bock et les Aristide du jacquet. C'est une pièce assez grande, très silencieuse, toute tendue de tapisseries sombres, meublée de faux vieux chêne, ornée de Delft contemporain, respirant un luxe bourgeois et faite absolument pour inspirer la confiance aux familles. Son hôte ordinaire sait prendre une physionomie à l'avenant, à la fois confortable et profonde. Mais, au fond, c'est un joyeux compère qui sait fort bien ce qu'il faut penser de sa peinture, et qui, ne sachant la faire aussi bonne qu'il le voudrait, la vend, au moins, le plus cher qu'il peut. Sa spécialité est celle des sujets où des figures modernes sont enchâssées dans des fantaisies symboliques. Ce qu'il a travesti de fois, pour les habiller à la moderne, les légendes de Léda, de Danaé et de Biblis est prodigieux. Les membres de l'Institut adorent sa manière polie de traiter le nu, et les rosés crémeux de ses chairs réjouissent infiniment tous ces vieux à lunettes. Inutile de vous dire que Bougrimard est hors concours et décoré. Eh ! morbleu ! le petit ruban rouge fait merveille sur le veston de velours noir serré en pourpoint, qui lui donne un faux air de Léonard. Beau garçon, d'ailleurs, et s'ébouriffant la chevelure comme pas un quand il s'agit de paraître inspiré.

C'était l'an passé, deux mois avant l'ouverture du Salon. Bougrimard achevait tranquillement une Léda de plus, quand un coup discret fut frappé à sa porte. Quelques instants après, une dame d'aspect fort aristocratique, ma foi, causait avec notre ami à voix basse, bien que tous deux fussent seuls dans l'atelier. L'attitude de cette personne était empreinte de quelque embarras et son interlocuteur la rassurait visiblement par toutes sortes de belles promesses.

L'entretien ne dura pas moins d'une demi-heure, au bout de laquelle la dame se leva et tendant sa main à l'artiste :

— Je compte absolument sur votre discrétion, monsieur.

— Vous avez ma parole, madame.

— Eh bien, nous commencerons demain.

— A partir de midi, vous ne rencontrerez personne ici.

— Et cela durera ?

— Je ne puis vous demander moins de vingt séances.

Le lendemain, les moineaux qui s'abattaient parfois en grappes bruyantes sur la grande fenêtre, tout grisés par les tièdes soleils de févriers, pouvaient voir à la volée un assez joli spectacle. Devant Bougrimard, qui avait renouvelé, pour la circonstance, le rouge ornement de son veston, la belle vicomtesse Alice de G... était debout, dans le costume de notre commune mère, ses longs cheveux noirs dénoués sur ses épaules, avec un loup sur le visage, un petit loup de velours dont la barbe de dentelle laissait entrevoir sa bouche comme une fraise sous de hautes herbes. La chasteté légendaire de ma plume se refuse à la description de ce corps charmant aux matités d'ambre, fleuve de lait dont les minces courants d'azur des veines variaient, seuls, par places, l'uniforme et délicate blancheur. Non ! pour rien au monde je ne dirai l'onctueux dessin de ces hanches d'où le torse s'élançait impétueux et superbe comme celui de Daphné, ni la ligne harmonieuse des cuisses, pareilles, dans leur inflexion caressante, aux cous de deux cygnes jumeaux, ni le contour marmoréen de cette poitrine dont les collines de neige égales étaient incendiées, au sommet, d'une double rougeur d'aurore... Pouah ! J'aime bien mieux raconter pourquoi la belle vicomtesse se trouvait là et dans cette posture que Mme Campan n'avait jamais recommandée à ses disciples.

Alice avait un mari et un amant. Le mari, plein d'égards pour elle, était d'ailleurs parfaitement ennuyeux chez lui. L'amant, le beau vidame de B***, de son petit nom Gontran, avait été le plus aimable des soupirants, mais était devenu le plus repu des heureux. La pauvre femme sentait la lassitude dans l'empressement, toujours correct d'ailleurs, de ce garçon, dont le plus grand mérite était d'être bien élevé. Elle en était aux attentions innombrables et inutiles dont jouissent les maîtresses qu'on va quitter. Un jour, autrefois déjà, Gontran avait eu cette fantaisie de lui demander son portrait en pied, avec le visage seulement vêtu. Elle avait toujours refusé. Mais peut-être cette surprise le ramènerait-il à elle. Il fallait bien tout tenter ! Et voilà comment cette noble dame s'était résolue à montrer ses jolies formes de femme du monde à un monsieur qu'elle connaissait fort peu.

Passons à la vingtième séance... Six semaines après.

Que s'était-il dit et fait pendant les dix-neuf premières ? Je suis trop discret pour chercher à le deviner. Je sais seulement que vers la douzième, la vicomtesse était arrivée toute en larmes, et que Bougrimard avait dû lui faire respirer des sels et se jeter à ses pieds pour en obtenir la pose accoutumée. Ce que je sais encore, c'est que ladite vingtième se termina par le dialogue ci-dessous. C'est Alice qui parle à l'historiographe de ses beautés :

— Je te répète, mon petit Alexandre, que cela n'a pas le sens commun.

— Cependant, ma chère Alice, j'ai laissé ma Léda en plan, et il faut bien que j'expose quelque chose.

— Quelque chose, oui ! mais pas moi !

— Ce serait pourtant une belle façon de faire enrager ton parjure ! Car il te reconnaîtrait !

— Certainement, et mon mari aussi !

— Tiens ! parbleu ! c'est vrai.

— Tu vois d'ici l'effet de cette reconnaissance. Allons ! renonce à cette folie.

— C'est cependant le meilleur morceau que j'aie peint. C'est savoureux comme du Cabanel. J'en ai du sucre plein la bouche. Quel succès !

— Tu vois bien, toi-même, que c'est impossible.

— Si, pourtant, je te mêlais à un symbole mythologique, en t'entourant d'une composition dont tu ne serais que la principale figure ?... Tiens, par exemple, je mets à côté de toi un puits et tu deviens la Vérité... personne ne pense plus à Mme la vicomtesse. C'est la Vérité, rien que la Vérité, toute la Vérité, un sujet que tous les peintres ont traité et dans lequel personne ne s'avisera de chercher un portrait !

— Mais, mon mari, mon cher ! Mon mari, qui me sait par cœur !

— Ah ! une idée, je suis sauvé !

— Parle, je ne demande moi, mon ami, qu'à contribuer à ta gloire ; tu as été si bon pour moi ! Quand ce misérable de Gontran !... Enfin ! Mais je ne peux pas pourtant...

— Je te dis que j'ai trouvé... Écoute. Je te mettrai un grain de beauté qui te défigurera.

— Où donc ?

— Là !

Et le peintre montrait sa toile. La vicomtesse sourit et rougit. Puis ils causèrent à voix basse, et tout ce qu'on put entendre, ce fut ces mots de Bougrimard :

— Je te jure que Léontine en avait un là !

Quand on se sépara, il était convenu que le portrait deviendrait un tableau bien compliqué, que le peintre y ajouterait la mouche convenue et que la vicomtesse, devenue parfaitement méconnaissable, figurerait sur le catalogue du salon, sous ce titre : *Le Triomphe de la Vérité*.

— Tu me fais faire tout ce que tu veux, méchant ! dit la vicomtesse au seuil de la porte ; mais, du moins, toi, tu ne me quitteras jamais !

— Jamais, dit avec conviction le Tintoret des Batignolles.

Alice avait dû aller passer une quinzaine en Poitou, chez une vieille tante. Pendant ce temps-là, Alexandre avait tenu sagement sa promesse. Il avait mis un immense paysage derrière son aristocratique personnage, avait appuyé sa main sur la margelle d'un puits et caché dans un coin de la toile un satyre cornu souriant, comme Mlle Samary, avec soixante-quatre dents à la clef. C'était parfait. L'idée du satyre lui était venue en rencontrant sur le boulevard un monsieur fort bien causant de très près avec Léontine, un ancien modèle que, lui, Bougrimard, avait beaucoup aimé, et qui avait la fameuse mouche... où vous ne savez pas ! La physionomie du monsieur très bien lui était restée dans la tête, et le visage du satyre était sorti de son pinceau, tout seul, avec les traits de cet inconnu. Lui-même n'y avait pas fait attention.

Le grand jour était arrivé pourtant. Le Salon avait ouvert ses portes à la foule odieuse qui l'emplit de poussière et de réflexions saugrenues. Alice s'y promenait mélancolique, au bras de son mari. Elle était venue le matin même, et n'avait pu revoir le tableau de Bougrimard. Une secrète terreur l'agitait donc. L'avait-il vraiment rendue méconnaissable ! Elle allait automatiquement, sans regarder la peinture, sans écouter davantage les commentaires ineptes du vicomte, s'attendant toujours à se trouver face à face avec le cadre redouté. Ah ! comme elle regrettait d'avoir cédé aux instances de Bougrimard !

Ils arrivèrent ainsi devant une toile que l'affluence du public ne permettait pas de voir tout d'abord, sa place sur la cimaise permettant aux spectateurs de la couvrir de leurs chapeaux et de leurs dos bombés.

— Frappant ! C'est à crever de rire !

— Ah ! la bonne farce !

Le vicomte entendit seulement ces deux exclamations et reconnut les voix de deux de ses amis. Il poussa un peu, arriva enfin devant le tableau, traînant toujours Alice à moitié morte ; mais à peine eut-il regardé qu'il poussa un juron épouvantable :

— Elle me le paiera ! murmura-t-il entre ses dents serrées.

Alice, elle, s'était absolument évanouie en reconnaissant le fameux ouvrage de Bougrimard, et c'est à grand'peine qu'on put l'emporter jusqu'à sa voiture.

Le lendemain, le vicomte était au chevet de sa femme, l'entourant des soins les plus affectueux et les plus humbles.

— Me pardonneras-tu jamais ? lui demandait-il entre deux tasses de thé qu'il avait sucrées lui-même avec amour.

Le matin même, Mlle Léontine avait reçu ce billet :

« Mademoiselle,

» Après l'odieuse plaisanterie que vous vous êtes permise, je n'ai pas besoin de vous dire que vous n'avez plus à compter sur moi. Je savais que vous fréquentiez des barbouilleurs. Mais je n'aurais jamais supposé que vous poussiez l'impudence jusqu'à vous faire représenter toute nue au Salon, à côté de moi, portant des cornes. Car je me suis parfaitement reconnu et vous aussi... à ce que vous savez.

» Adieu. J'ai le regret de vous dire, en vous quittant, que vous êtes une drôlesse.

» Vicomte de G***. »

Le vicomte tint parole. Il ne lut pas une seule des lettres que Léontine lui écrivit pour sa défense. Cette leçon terrible l'avait fait rentrer dans le droit chemin de la fidélité conjugale. Il rend la vicomtesse parfaitement heureuse. Celle-ci a pour Bougrimard toute la reconnaissance que le hasard avait mérité. Le vicomte a un enfant... venu à sept mois, il est vrai, à sept mois de la date de la reconciliation. Il l'adore ; il en est fou :

— Allons ! dit-il souvent à ses amis qui le félicitent de sa sagesse, il n'y a rien de tel que les honnêtes femmes !

Et c'est aussi ce que Bougrimard dit aux siens.

Car ils sont aussi heureux l'un que l'autre, grâce à la mouche et à la pauvre Léontine.

XXVIII

LA CHASSE DE M. BENOIT

« Ma chère Minoche,

» C'est enfin demain qu'ouvre la chasse. Tu peux mettre les casseroles au feu. Dès l'aube je battrai la plaine, mon fidèle Karl sur les talons. Quand je ne tuerais qu'un lapin, il serait pour toi, et ce serait malédiction que de ne pas même tuer un lapin dans un pays qui en est littéralement infesté. C'est lui qui t'apportera, le dernier, de mes nouvelles. Car ton absence me rend la villégiature douloureuse, et, dans trois jours, tu presseras dans tes bras

» Ton fidèle,

» Benoit. »

Au reçu de cette lettre, Mme la comtesse de La Tronche, dans l'intimité Minoche, sauta sur son buvard de cuir de Russie le plus odorant et rédigea, elle-même, l'épître suivante :

« Mon petit chien vert,

» J'ai enfin reçu des nouvelles du gros crétin.
» Nous n'avons plus que trois jours de bon temps;
» mettons-les à profit. Il m'annonce une bourri-
» che de gibier. Viens la manger après-demain
» avec.

» Ta fidèle (toujours),

» Minoche. »

Et deux heures après, M. Anatole Beaudouillet, employé dans une succursale du Mont-de-Piété, contait à ses camarades ébaubis comment une dame du meilleur monde l'invitait à venir croquer à domicile les perdreaux qu'un homme sérieux allait lui envoyer.

— Quel chançard que ce Beaudouillet ! répondirent en chœur les pauvres gens.

Si vous le voulez bien maintenant, rejoignons cet excellent M. Benoît à la ferme du père Grenette, berceau de ses cynégétiques projets. Venu dans ses terres pour y toucher ses revenus, M. Benoît y avait attendu l'ouverture de la chasse, bien moins pour y massacrer d'innocentes bêtes de poil et de plume que retenu par les beaux yeux de Célestine, son hôtesse, dite la grande Crette, une plantureuse personne que le père Grenette avait épousée sur son vieux temps et qu'il observait du petit coin de son œil gris de paysan, tout en faisant le confiant et la bête, afin de ne se pas rendre lui-même ridicule. Aussi le manège de M. Benoît et l'accueil favorable que lui avait fait l'appétissante fermière n'avaient pas échappé au vieux madré. Seulement il avait ses raisons pour ne pas se fâcher avec le propriétaire de l'immeuble et il attendait patiemment sur la défensive, épiant de loin, sans en avoir l'air, et ruminant quelque bon tour si les choses prenaient une mauvaise tournure.

— A quelle heure faut-il vous réveiller demain, monsieur notre maître? demanda-t-il à M. Benoît.

— Eh! eh! rien de pressé, répondit celui-ci.

— Comment! rien de pressé! Un jour d'ouverture!

— Je ne sais pas si je chasserai, bien que j'aie furieusement envie de manger un lapin.

— Si ce n'est que ça, on vous le tuera, notre maître, et Crette vous le servira à déjeuner.

— C'est cela.

— Elle vous aidera même à le manger, la gourmande, pendant que je retournerai au bois.

Un joyeux regard d'intelligence s'échangea entre Benoît et Mme Grenette, regard que le mari de celle-ci surprit au passage, ce qui lui fit faire une imperceptible grimace, laquelle n'avait rien de rassurant pour les deux tourtereaux.

— Venez donc le prendre, notre maître, à la grille, demain, vers les dix heures.

— Entendu, père Grenette !

Et Benoît tapa gaiement dans la rude main du fermier.

Le lendemain, en effet, à l'heure dite, celui-ci remettait aux mains de M. Benoît un lapin magnifique, tout fumant encore du coup de fusil qui lui avait éparpillé tous les poils du cou dans une boue sanglante. Et l'homme des champs accompagna ce présent d'un coup d'œil qui eût épouvanté son hôte s'il en avait saisi la joie perfide et la traîtresse obséquiosité. A peine en possession du quadrupède, le citadin grimpa dans sa chambre, fit un paquet bien ficelé de l'animal, y mit l'adresse de Mme de la Tronche, et courut rapidement aux messageries. Puis, rentrant silencieusement, il se glissa dans la basse-cour, massacra impitoyablement un lapin domestique, et l'apporta triomphalement à la grande Crette, qui éclata de rire.

— Croyez-vous que mon mari est canaille ! lui dit-elle. Sachant qu'en votre qualité de Parisien vous ne vous y connaissez pas, il vous fait manger un lapin de choux.

— Et qu'importe ! mignonne ! répondit avec feu le galant bourgeois. Ce que j'ai souhaité, c'est cette heure divine de tête-à-tête, c'est ce repas à deux dans la solitude de la ferme, c'est cette main qu'au dessert vous me laisserez prendre...

— Taisez-vous, grand effronté ! dit en minaudant la fermière. Vous feriez bien mieux de m'aider à éplucher mes oignons.

Et, avec l'humeur enfantine d'un homme heureux, Benoît laça un tablier blanc autour de sa lourde taille, prit un couteau, s'assit aux pieds de sa bien-aimée et commença à coupasser maladroitement tous les légumes qu'elle lui tendit, accompagnant cet exercice d'un petit rire idiot qui achevait de le rendre absolument grotesque. Pendant ce temps-là, dans la casserole fumante où le beurre rissolait avec un bruit de moquerie, le lapin dispersé en tronçons roussissait comme un paysage d'automne.

Retournons, s'il vous plaît, à la ville.

On cuisine ferme aussi chez Mme de la Tronche. L'envoi de M. Benoît est arrivé à bon port. Un vrai lapin de garenne, celui-là ! Anatole aussi est à son poste, et, comme à la ferme, on met le couvert en jouant, avec des baisers entre chaque assiette.

— Pauvre Mignon ! demain soir cet affreux singe sera là !

Et Minoche avait des larmes dans la voix en annonçant cette fâcheuse nouvelle.

— La morale, c'est qu'il faut nous bien amuser aujourd'hui ! répéta Anatole, qui était, au fond, un philosophe.

— Allons ! vite à table.

Le charmant dîner ! Ce ne fut à vrai dire qu'une caresse et qu'un éclat de rire. On se moqua beaucoup de Benoît en mangeant son lapin. On but même à sa santé, en souhaitant vivement qu'il se cassât une jambe en route. Les amoureux sont sans pitié. Le pauvre homme fut plus déchiqueté que le lapin lui-même, et déchiré à plus belles dents.

Le café venait d'être emporté et la morale, que je me fais gloire de défendre en toute occasion, commençait à courir de sérieux dangers, quand Mme de la Tronche pâlit affreusement. Au même instant, Anatole porta vivement la main à son flanc que traversait, comme un éclair, une douleur subite. Ils se regardèrent alors sans échanger une parole, mais avec une angoisse infinie.

— Ah ! ce n'est rien, fit-elle en s'essuyant le front.

— Ça va mieux, soupira-t-il en se tamponnant le visage.

Mais ce n'était qu'un répit. Une crise plus forte leur arracha en même temps un cri. Alors ils se levèrent comme des fous, et la même pensée leur traversant le cerveau — celle d'une vengeance abominable de Benoît instruit de tout — ils s'élancèrent vers les fenêtres en criant:

— Au secours! Au secours! nous sommes empoisonnés!

Empoisonnés, non! ils ne l'étaient pas. Mais ils étaient diantrement purgés, le père Grenette ayant pensé que ce n'était pas du sang que réclamait son honneur. Car vous avez deviné comme moi que le vieux drôle avait acheté chez l'apothicaire quelque malfaisante drogue qu'il avait glissée entre deux chairs, en plusieurs places du lapin, pour que chacun en eût sa part. Au lieu de la délicieuse nuit d'amour qu'ils s'étaient promise, Minoche et Anatole se tordirent, dix heures durant, dans les exercices les plus pénibles et les moins avouables à des cœurs épris.

C'est ainsi que la destinée substitue aux projets des hommes ses propres caprices. Quand, le soir de l'ouverture de la chasse, le père Grenette trouva en rentrant M. Benoît et Célestine dispos, souriants, il crut que son apothicaire s'était moqué de lui et, furieux, alla sur l'heure lui administrer une volée à laquelle celui-ci ne comprit rien. Quand, deux jours après, M. Benoît trouva Mme de la Tronche horriblement défigurée encore et l'entendit lui dire d'une voix éteinte :

— Mon ami, puisque vous savez tout, eh bien! oui, j'étais bien coupable, mais vous vous êtes trop cruellement vengé !

Il ne saisit pas du tout le sens de ces paroles et les attribua à un petit moment de folie causé par la joie de son retour.

Ils en sont encore là les uns et les autres, évitant avec grand soin de reparler de cette aventure, qui demeurera pour tous un mystère éternel.

XXIX

COMÉDIE DE SALON

Le château de la Hannetonnière est situé à quelques lieues de Tours, sur une de ces rares collines qui, au lieu de mirer dans la Loire leur front verdoyant, se contentent d'y tremper, comme des nymphes couchées sur la rive, le petit bout de leur pied sablonneux. C'est un manoir dont les assises sont gothiques et dont le sommet vient de la Renaissance, un de ces couteaux à Janot de l'architecture dont on dit : « Voilà le Nestor des châteaux. » La famille qui l'occupe encore est d'ailleurs ancienne. Un Cucu de la Hannetonnière s'est distingué à Pavie, en ralliant un gros de fuyards qui allait se tromper de chemin. La race est actuellement représentée par le baron, un grand chasseur devant l'Éternel ; la baronne, une amazone autrefois renommée ; leur fils Gontran, un des meilleurs élèves des jésuites, et leur fille Alice, dont la chevelure blonde est faite d'un soleil d'orage.

On adore les arts dans le château. On y professe cette opinion sage, que la noblesse n'a plus rien à faire qu'à s'y consacrer. Le baron qui sculpte sur bois, couvre de fleurs de lis les soufflets et les manches de bassinoire de tous les châtelains du voisinage. La baronne, qui apprit la miniature d'une élève de Mme de Mirbel, peint des enfants du miracle sur toutes les assiettes du pays. Gontran, qui excelle dans la tapisserie, tisse des étoles à ses anciens maîtres. Quant à Mlle Alice, elle est universelle. Toutes les Muses semblent avoir présidé à sa naissance. La plume, le ciseau, le pinceau, le compas, sont les jouets de son adolescence. Elle a trois chambres tapissées de portraits de Mlle Sarah Bernhardt, dans les diverses occupations élevées où l'indiscrétion des photographes surprend cette violette de la comédie, et il lui en reste encore de quoi orner trois autres chambres plus grandes. A ce culte intelligent, Mlle Alice a dû d'attirer au château de la Hannetonnière un groupe d'artistes et de penseurs en chambre que les idées rococo de ses parents en auraient peut-être éloignés. Tout ce que Tours contient de célébrités provinciales s'y donne rendez-vous, particulièrement aux heures des repas, et digère en admirant les œuvres de ce La Mirandole en jupons.

C'est qu'il ne faut pas croire que les départements donnent aux toutous parisiens leur part de plaisirs académiques. La poésie, la peinture et la sculpture décentralisent avec ardeur. La Saintonge possède en ce moment une société de rimeurs qui propose à Victor Hugo, à Lecomte de Lisle et à Théodore de Banville de leur imprimer quelques vers, pourvu qu'ils lui envoient cinq francs. Le marché est avantageux. Au moment où commence cette histoire, toute contemporaine, Tours avait dans ses murs un jeune barde nommé La Doucette, qui, à l'instar de quelques novateurs, conférenciait volontiers sur ses propres vers, causant ainsi à l'ombre de Trissotin une joie vraiment inexprimable. Car on avait cru jusqu'ici que Guttenberg avait inventé l'imprimerie surtout pour éviter aux poètes l'affront d'aller débiter leurs rapsodies dans les carrefours. Il paraît que les poètes réclament... certains du moins. La gloire des chanteurs de cafés-concerts les tourmente. Ils veulent avoir leur exposition comme les peintres et, plus hardis en cela que les peintres eux-mêmes, ils se posent devant leur tableau et en racontent eux-mêmes les beautés au public, une baguette à la main. Loin de moi l'idée de blâmer cette mode. Je constate qu'elle a vite fait le chemin des quatre coins de la France. Donc, La Doucette était un des hôtes assidus du château de la Hannetonnière. Il y corrigeait les sonnets de Mlle Alice, qui, à l'instar de Baudelaire dont elle imitait volontiers les imaginations innocentes, se dispensait de faire rimer les deux quatrains. Ses autres maîtres étaient le peintre Babouli, un impressionniste qui voyait la nature tout entière au travers d'une améthyste. Mais l'un et l'autre, le rimeur et le barbouilleur, occupaient bien peu de place comparés au sculpteur Barigoul, un gaillard aux épaules larges comme une porte de basse-cour, à la tête en broussaille, au langage naturaliste, qui sculptait bien rarement, mais qui aimait tant son art qu'il n'aurait jamais pris une croûte de pâté de foie gras sur son assiette sans en dessiner en l'air le contour avec son pouce. De temps en temps, ce Michel-Ange Tourangeau fourrait un coup de poing dans la glaise de Mlle Alice, qui s'écriait : « Comme c'est ça, maintenant ! »

Un jour Mlle Alice descendit rêveuse de ses trois chambres. Elle sculptait, elle peignait, elle rimait... Mais elle n'avait pas encore joué la comédie. C'était une lacune évidente dans sa carrière de famille. Elle signala ce vide à ses parents, qui en furent frappés comme elle. Car, enfin, il est certain que Mlle Sarah Bernhardt joue la comédie dans ses heures perdues. Il n'y avait pas à se désoler, mais à agir. La Doucette fut chargé de chercher immédiatement une pièce à effet dans le répertoire. Le pauvre garçon se donna beaucoup de mal, mais il n'eut pas de chance, il n'en trouva pas. Un moment, il faillit s'arrêter aux *Burgraves,* pour donner une leçon à la Comédie-Française ; puis il la trouva trop rude et finit par proposer un drame inédit de lui. Lecture fut faite au salon. On reconnut, du premier coup, que c'était autre chose que du Victor Hugo. Le succès fut foudroyant. On se distribua sur-le-champ les rôles. Le baron fut chargé de représenter une espèce de don Salluste, sourd comme un pot, ce qui apportait un grand élément comique au rôle. La baronne accepta de figurer une Lucrèce Borgia qui n'empoisonnait son fils qu'après l'inceste, ce qui était bien plus piquant. Alice et La Doucette étaient, bien entendu, les deux amoureux, les deux fleurs d'innocence écloses aux murs ténébreux de cette intrigue; mais, contrairement à l'usage, ils avaient déjà plusieurs enfants. Un rôle dominait d'ailleurs tous les autres de sa terreur. C'était celui d'un Torquemada, marié, qui ne brûlait les hérétiques que par économie de bois de chauffage et pour ne pas avoir de querelles dans sa maison. En quelques jours de répétition Barigoul rendit cette sinistre figure avec une intensité qui faisait frémir jusqu'à la paille des chaises. On voit que le poète La Doucette avait de beaucoup amélioré les personnages qu'il avait acceptés d'ailleurs par pure déférence pour les maîtres. Ceci n'était qu'un ballon d'essai et la grande révolution qu'il mijotait était pour plus tard.

Ah! on travailla ferme, un mois durant. Babouli brossait les décors avec rage. Il avait achevé une forêt qu'on aurait prise de loin pour le manteau d'un archevêque. Mlle Alice s'était fait ajouter trois scènes, toutes trois avec Barigoul. Elle avait fait remarquer très sagement à La Doucette qu'il faut toujours mettre une gazelle à côté du tigre. — C'est M. de Bornier qui le recommande. Au moment où la gazelle dévore le tigre, tout le monde est surpris. C'est ce qu'on appelle un coup de théâtre.

Enfin, le grand soir arriva !

Toute la noblesse de Tours avait été conviée. Le château de la Hannetonnière avait repris, pour une nuit, sa splendeur des anciens jours. (L'image est hardie, mais elle est de La Doucette.)

L'ombre du vieux Cucu tressaillait d'aise dans son cadre d'aïeul, comme si la fuite de Pavie allait recommencer. Des flottes de diamants et de fleurs palpitaient sur des flots d'épaules blanches, et le Zéphir, heureux amiral de cette escadre, s'en donnait à souffle que veux-tu parmi les chevelures odorantes. (Toutes ces métaphores sont de La Doucette, *suum cuique,* morbleu !) Le rideau se leva ; car il y avait un rideau que Babouli avait peint en violet pour innover. Puis le drame commença, se déroulant dans sa magistrale complexité. L'entrée de Mlle Alice fut signalée par une avalanche de fleurs, et le premier acte s'achevait à peine que la salle tout entière se ruait dans les coulisses pour la complimenter.

— J'ai vu Rachel, lui dit un vieillard, et je vous jure qu'elle n'aurait pas fait ce que vous faites.

— Pauvre Sarah Bernhardt! dit un homme mûr. Voilà ce qu'elle aurait pu faire en travaillant davantage!

Ce dernier éloge fut celui qui toucha le plus Mlle Alice. Elle prit les deux mains de l'homme mûr et lui promit de travailler. L'homme mûr la remercia.

Le rideau s'était relevé trois fois encore. On touchait au dénouement et l'enthousiasme avait été toujours croissant. On n'aurait plus trouvé une fleur dans toute la Touraine, qui passe pourtant pour le jardin de la France. Les lambeaux de gants déchirés flottaient dans l'air comme des papillons blancs. Enfin, Mlle Alice en vint à ce vers qui, selon La Doucette, devait enlever jusqu'au parquet:

O Parnasse! ô mont qu'eut jadis Apollon même!

Fit-elle trop sentir la césure ? Toujours est-il qu'après le premier hémistiche, un éclat de rire, un seul, immédiatement étouffé d'ailleurs, se mêla, discordant et irrespectueux, aux tonnerres de bravos secoués par l'admiration lyrique de la foule. En même temps, un clou accrocha le bas de la robe blanche de Mlle Alice, qui devait se retourner avec un geste de pythonisse, en prononçant cette invocation. Elle se retourna bien, en effet, mais dans ce brusque mouvement, sa jupe oublia de la suivre et, la quittant aussitôt pour rester à terre, découvrit en plein l'objet, fait de lis et de roses, dont elle venait de parler sans le vouloir.

Les applaudissements redoublèrent. Cette fois-là ils étaient justifiés.

Et la pièce n'en alla que mieux après.

Le lendemain, on se leva tard au château. Mais on ne se lève jamais assez tard, quand c'est pour apprendre un malheur qu'on se lève. Quelle fut la surprise de la pauvre baronne en trouvant, sous sa serviette, à l'heure du déjeuner, une lettre d'Alice qu'elle décacheta fiévreusement !

« Madame ma mère, lui disait celle-ci, on ne rira pas deux fois des f... ormes d'une La Hannetonnière. C'est certainement un manant qui en a ri hier soir, mais ce rire ne m'en a pas moins atteint, là où il me visait, dans mon honneur d'artiste et de femme mis subitement à découvert. J'ai quitté la Touraine pour toujours. Ne cherchez pas à savoir où je suis. Ne redoutez rien pour moi. J'ai montré, Dieu merci, que j'avais de quoi gagner ma vie dans les deux hémisphères. Embrassez mon père et Gontran pour moi. »

Ce fut un véritable coup de foudre. La Doucette et Babouli déclarèrent, en engloutissant une entrecôte aux champignons, qu'ils en feraient une maladie. Barigoul n'avait rien laissé sous les serviettes, mais on ne l'a jamais revu depuis dans le château.

J'ai mon idée là-dessus.

Je crois que lui aussi travaille dans les deux hémisphères... ou dans les environs.

XXX

LES CONQUÉRANTS

« Madame la comtesse,

» J'ai enfin réussi à trouver une occupation honorable à monsieur votre fils. La grande difficulté venait de ce qu'il n'est pas bachelier et qu'il faut l'être, en France, pour occuper toutes les situations où les études classiques sont particulièrement inutiles. Le ministre, qui me ménage, parce que je suis de l'opposition et que, si je ne parle jamais, je pourrais parler un jour, a trouvé une idée très ingénieuse pour tourner la difficulté. Une mission scientifique va être donnée à M. Hector. Ne vous effrayez pas du mot. C'est simplement une façon de l'éloigner de Paris où il fait des bêtises, et, pourvu qu'il envoie de temps en temps un rapport où il dira tout ce qu'il voudra, on se tiendra pour satisfait, on en parlera avec éloge dans les discours de distribution de prix, et on le décorera à son retour. Vous me direz, madame, qu'à son âge ses aïeux étaient déjà maréchaux de camp, ou vice-amiraux. Mais ils en savaient encore moins que lui, et puis les temps ont beaucoup changé. Les places sont actuellement prises par un tas de pédants qui n'y apportent aucune fantaisie. Enfin, j'ai fait pour le mieux, madame, et je mets, à cette occasion, une fois de plus, mes très humbles hommages à vos pieds.

» Cte Bourriquet de Latreille. »

En recevant cette lettre du député de son arrondissement, Mme la comtesse Herminie de Saint-Hypocondre haussa légèrement les épaules :
— Une mission scientifique à Hector! pensa-t-elle. Décidément tout va de travers aujourd'hui... Mais, au demeurant, comme le dit cet animal de Bourriquet qui n'est pas plus de Latreille que le vin d'à-présent, l'essentiel est que ce galopin soit forcé de quitter la vie de polichinelle qu'il mène.

Et la comtesse Herminie de Saint-Hypocondre écrivit au sieur Bourriquet pour le remercier et, deux jours après, on pouvait lire dans les colonnes de l'*Officiel* qui, comme le boulevard, a ses colonnes, cet avis d'un intérêt palpitant : « Un jeune savant de grand avenir, le vicomte Hector de Saint-Hypocondre, vient d'être chargé par le gouvernement d'aller étudier, dans les contrées lointaines, l'origine et le développement des diphthongues dans les langues sémitiques et en particulier dans l'idiome provençal. »

Hector fut extrêmement embêté par cette nouvelle, qui le séparait de Delphine Mouchette, une adorable rousse dont les dents mignonnes avaient déjà sérieusement entamé son saint-frusquin. Mais il se résigna à obéir, sentant bien qu'il avait lassé la patience maternelle et qu'une catastrophe patrimoniale était au bout d'une plus longue résistance aux conseils de la raison.

Delphine Mouchette l'accompagna jusqu'au Havre, où il prit, pour une destination vague, le premier paquebot venu.

Il ne devait pas s'ennuyer longtemps, étant de

ceux qui se consolent vite et vont hardiment vers l'inconnu, pourvu qu'une femme leur en montre le chemin. Après deux jours consciencieusement accordés au mal de mer et à ses abrutissements, son unique pensée fut de se rapprocher d'une délicieuse Anglaise dont le visage éclatant de fraîcheur avait tout d'abord attiré son attention. Edith — c'est le petit nom de cette avenante personne — était blonde, comme toutes les filles de sa race; elle avait aussi de grands yeux bleus, ainsi que presque toutes ses compatriotes, un teint admirable, une petite bouche. Mais ce qui la distinguait tout à fait du *vulgum pecus*, c'était une taille bien prise, de jolis pieds et des mains irréprochables. Son père, le révérend Jack Botum, lui avait donné une éducation parfaite, et elle écorchait le français avec tant de grâce, que Marsyas lui-même n'avait pas été plus divinement écorché par le joueur de lyre Apollon. Cette aimable créature était, depuis un an, la légitime compagne de mylord Humphry Littleboob, citoyen estimé de Londres, connu avantageusement par plusieurs travaux de grammaire comparée qu'avait couronnés la *Royal Academy* de Berg-op-Zoom.

Les premières tentatives d'Hector pour devenir l'ami du ménage insulaire furent repoussées par une indifférence polie qui ne permettait guère l'espoir d'une prochaine intimité. Milady le contemplait, il est vrai, avec des yeux curieux qui n'avaient rien de désobligeant, mais Humphry Littleboob ne perdait pas une occasion de l'éloigner quand il le voyait arriver. Un air en dessous tout à fait déplaisant, ce Littleboob, et rien de communicatif dans la physionomie : une énigme vivante entre deux favoris d'un jaune clair.

Hector, qui avait cependant un goût marqué pour la stratégie amoureuse, ne savait vraiment comment entamer le siège de cette femme défendue par le silence. Une circonstance imprévue le servit enfin.

Un nouveau passager avait été pris en route. C'était un Allemand fort érudit, le docteur Springel, très connu de l'autre côté du Rhin par son traité de linguistique universelle en cinquante-sept volumes in-folio. Jack Littleboob et lui s'étaient rencontrés déjà dans des sociétés internationales, où se renouvelait périodiquement la biblique aventure de la tour de Babel, et leur connaissance se renoua immédiatement. De plus, le docteur, qui, en sa qualité de bon voisin de la France, savait beaucoup mieux tout ce qui s'y passe que nous-mêmes, avait appris le premier la mission confiée à Hector de Saint-Hypocondre, et ne sut pas plutôt qu'il était sur le paquebot qu'il vint à lui le sourire aux lèvres :

— La science n'a pas de patrie, monsieur, lui dit-il fort obligeamment, et puisque nous nous sommes voués tous deux aux mêmes études, nous ne pouvons être qu'amis. La question spéciale que votre gouvernement vous a chargé d'élucider, par un choix auquel l'Europe grammaticale tout entière, connaissant votre haute compétence, a applaudi, m'a souvent préoccupé moi-même. La lumière jaillira certainement des entretiens que nous aurons ensemble sur cette passionnante matière. Mais vous savez que nous ne sommes pas seuls ici à en être férus. Permettez-moi de vous présenter à mon excellent ami l'aimable Humphry Littleboob qui, en Angleterre, représente nos idées avec infiniment d'éclat.

Cette dernière phrase changea les dispositions patriotiques d'Hector qui se préparait à répondre vertement à ce mielleux discours. Il tendit la main de fort bonne grâce au docteur Springel, qui la serra sur ses breloques. Hector fut mis solennellement en présence de Littleboob, et, comme il arrive toujours avec les Anglais, la présentation régulière ne fut pas plutôt faite que la glace fut rompue et que beaucoup de cordialité succéda à l'ancienne froideur. Hector était au comble de la joie et il lui sembla, le soir même, à l'heure des adieux, que la belle Edith lui avait serré la main d'une très encourageante façon. Il fit des rêves d'or dans lesquels maître Humphry portait de si hautes cornes que les aigles du ciel y venaient nicher et lui faisaient un tas de malpropretés sur la tête.

On a raison de dire que, dans les hautes régions de l'esprit, les hommes se rapprochent naturellement. La vie de nos trois savants devint la plus douce du monde. Rien ne saurait rendre les prévenances dont ils s'accablaient. Littleboob, qui ne pouvait pas sentir la choucroute, ne manquait jamais d'en céder sa part à Springel qui en raffolait. En revanche, celui-ci, qui avait horreur des viandes crues, lui passait ses rosbifs avec une complète abnégation. Quant à Hector, il eût donné l'un et l'autre pour un sourire d'Edith, et le chapitre des attentions délicates dont il poursuivait son ami Humphry eût rempli le Bottin.

— Que les Français sont légers mais naturellement aimables ! ne pouvait s'empêcher de dire celui-ci.

— En effet, répondait doucement Springel, et il est malheureux qu'ils se laissent mettre si facilement dedans !

Car, pour ne pas éveiller les soupçons de l'Anglais, Hector avait pour l'Allemand les mêmes gentillesses. Ne lui devait-il pas d'ailleurs d'avoir enfin pu aborder celle qu'il aimait ?

Un seul nuage se levait quelquefois dans le ciel du jeune vicomte de Saint-Hypocondre, si parfaitement heureux d'ailleurs. Littleboob et Springel revenaient quelquefois au sujet de leurs graves études, et, sous peine de passer pour un faux Smerdis scientifique, il lui fallait mettre son mot dans la conversation. Il lui arrivait alors de dire d'effroyables bêtises, mais qui passaient comme une lettre à la poste, grâce au sérieux indécrottable de ses deux interlocuteurs.

— Vraiment ? disait Littleboob d'un air étonné.

— En êtes-vous bien sûr ? reprenait Springel en ouvrant des yeux dans lesquels on aurait pu loger à la nuit.

Et tous deux, prenant leurs calepins, inscrivaient consciencieusement les bourdes dont notre ami venait d'accoucher. Puis, quand il n'était plus là, ils se disaient entre eux : « Ces sacrés Français n'ont aucune suite dans les idées ; mais ils ont bien du génie naturel ! »

Pendant qu'ils échangeaient cette confidence flatteuse pour ma patrie, Hector murmurait à la petite oreille rosée d'Edith des mots d'amour auxquels celle-ci ne répondait plus : « Jamais ! » mais simplement : « Plus tard ! »

Hector commençait à rêver que les cornes d'Humphry avaient troué le ciel et que l'une d'elles était entrée dans le derrière de saint Pierre, ce qui causait une douloureuse émotion dans le paradis où, comme vous le savez, saint Pierre est très estimé de tout le monde.

— Ah çà ! monsieur le capitaine, où sommes-nous ? demanda d'une voix tremblante de colère mylord Humphry Littleboob.

— Oui, monsieur, où sommes-nous? continua sur un ton exaspéré le docteur Jonathan Springel.

— Ma foi, messieurs, je n'en sais absolument rien, répondit fort naturellement le capitaine. Depuis quatre jours que, par un accident impossible à prévoir, nous manquons de charbon et marchons avec le seul secours de nos voiles, le vent nous a toujours poussés, malgré nous, dans une direction que je n'ai jamais explorée ; la fatalité ayant voulu, de plus, qu'une forte brise m'enlevât ma carte au moment où je l'allais consulter, pas plus que vous je ne saurais dire où nous sommes et où nous allons. La tempête s'étant calmée, je vais jeter l'ancre à petite distance de la pointe de terre que vous voyez d'ici, afin de me recueillir et de m'orienter à nouveau.

Mylord Humphry Littleboob et le docteur Jonathan Springel n'ajoutèrent pas un mot, mais ils prirent l'attitude de gens qui réfléchissent et conçoivent un grave dessein.

Quand le capitaine eut fait ce qu'il avait annoncé :

— Monsieur, lui dit avec infiniment d'aménité mylord Littleboob, ne me permettriez-vous pas de prendre à votre bord un petit canot pour aller explorer cette terre ferme ?

— Monsieur, ajouta le docteur Springel, ne m'autoriseriez-vous pas à suivre mon ami dans cette expédition qui peut beaucoup nous éclairer ?

— Volontiers, messieurs, répondit le capitaine qui était un marin médiocre, mais un excellent garçon.

Ils partirent, curieusement contemplés par tout l'équipage. Mais à peine furent-ils au large que mylord Littleboob se mit à crier d'une voix forte :

— Au nom de Sa Gracieuse Majesté la reine d'Angleterre, ma souveraine, moi, Littleboob, citoyen de Londres, je prends possession de cette mer inconnue et la déclare faisant partie du domaine de la Grande-Bretagne.

Et, tirant de sa poche un mouchoir aux couleurs nationales, il le mit au bout de sa canne et la planta solennellement sur un rocher qui émergeait précisément comme pour cela.

Un instant après, ayant abordé au promontoire, le docteur Jonathan Springel clamait, à son tour, aux quatre coins du ciel, ces mots :

— Au nom de l'empereur d'Allemagne, mon sérénissime souverain, moi Springel, citoyen de Berlin, je prends possession de cette terre inoccupée et la déclare faisant partie de la grande patrie allemande.

Et, n'ayant trouvé dans sa jaquette qu'une saucisse de Francfort, il la brandissait au bout de son parapluie sur les rivages étonnés.

— Capitaine, cinquante mille francs à vous, si nous fichons le camp sans les attendre !

Ainsi parla le jeune Hector de Saint-Hypocondre.

Le capitaine, qui était un bon garçon, mais qui était surtout un homme pratique, ne se le fit pas dire deux fois. Il leva l'ancre et, un vent fort suave gonflant les voiles, le navire fila comme un son, emportant les amours d'Hector et d'Edith, abandonnant sur sa route les ambitions d'Humphry et de Jonathan. Deux jours après, ceux-ci furent faits prisonniers par des sauvages qui leur firent un tas de misères dont la moindre fut de leur couper le nez, ce qui fut très douloureux pour Springel qui l'avait énorme. De ces trois conquêtes, une seule fut durable. Car Hector et Edith s'aiment encore. C'est ainsi que tout est vanité ici-bas, excepté l'Amour !

FIN

TABLE

		Pages.
	Avant-propos	v
I.	Plaisirs forains	1
II.	Éloquence judiciaire	13
III.	La robe virile	23
IV.	Vie innocente	35
V.	Vengeance de mari	47
VI.	Distraction épistolaire	57
VII.	Le voyage de Céleste	67
VIII.	La terreur des campagnes	77
IX.	C'était Loriot	85
X.	Le Fiacre	95
XI.	Cascamille et Pécouli	105
XII.	La bergère Parise	113
XIII.	Camp Meetings	123
XIV.	L'embarras d'un honorable	133
XV.	Le nom du Flageolet	143
XVI.	La dynastie des Durand	157
XVII.	Shoking !	167
XVIII.	Adieux éternels	177
XIX.	Le bracelet d'Olympe	187
XX.	La cachette du docteur	197
XXI.	Monsieur et Bébé	209
XXII.	La casquette de mon ami Jacques	221
XXIII.	Peyrolade et Gabarrou	233
XXIV.	La petite tour de Nesles	243
XXV.	Philosophie conjugale	255
XXVI.	Merline	265
XXVII.	La mouche de Léontine	275
XXVIII.	La chasse de M. Benoît	287
XXIX.	Comédie de salon	297
XXX.	Les Conquérants	307

Châteauroux. — Typ. et Stéréotyp. A. MAJESTÉ

www.ingramcontent.com/pod-product-compliance
Lightning Source LLC
Chambersburg PA
CBHW060411170426
43199CB00013B/2095